湖北省学术著作出版专项资金
Hubei Special Funds for Academic Publications

唯识学丛书

韩清净唯识论著集

韩清净 著

长江出版传媒 | 崇文书局

图书在版编目（CIP）数据

韩清净唯识论著集 / 韩清净著.
—武汉：崇文书局，2019.9
（唯识学丛书）
ISBN 978-7-5403-5614-9

Ⅰ. ①韩…
Ⅱ. ①韩…
Ⅲ. ①唯识论—文集
Ⅳ. ①B946.3-53

中国版本图书馆 CIP 数据核字（2019）第 172143 号

2015 年湖北省学术著作出版专项资金资助项目

我思

敢于运用你的理智

韩清净唯识论著集

出　　品　崇文书局人文学术出版中心 · 唯识学小组
策 划 人　梅文辉（mwh902@163.com）
责任编辑　梅文辉
装帧设计　甘淑媛
出版发行　长江出版传媒｜崇文书局
地　　址　武汉市雄楚大街 268 号 C 座 11 层
电　　话　（027）87680797　邮政编码　430070
印　　刷　武汉精一佳印刷有限公司
开　　本　880mm×1230mm　1/32
印　　张　6
字　　数　135 千
版　　次　2019 年 9 月第 1 版
印　　次　2019 年 9 月第 1 次印刷
定　　价　68.00 元

（读者服务电话：027—87679738）

我
思

敢于运用你的理智

唯识学乃佛学中最精细、最系统的学说。“唯”乃“不离”之意，万法唯识即万法不离意识，其对意识结构及由意识所构造的世界之剖析，可以说是对宇宙和人生给出了最彻底且理性的解释。

唯识学在近现代中国的思想潮流中发挥了重要的作用。近现代的大学者大多重视唯识学，并借助其理论来构建自己的思想体系。如章太炎的得意之作《〈齐物论〉释》，以唯识学的义理来解《齐物论》；熊十力的代表作《新唯识论》，以批判唯识学来建立自己的新儒学。

唯识学与西方的科学、心理学和哲学等最易沟通。面对近代以来的西学大量传入，思想界高举唯识学的旗帜，正是因为唯识学思辨、理性、逻辑、系统的特征可与西学有效对话。而20世纪西方哲学中最有生命力的“现象学”，与唯识学更是达到了理论共鸣。

鉴于唯识学本身的理论透彻性、其在历史上的重大影响及在当代社会中的理论生命力，我们特策划此“唯识学丛书”，相关图书将陆续分批出版。

目　录

唯识指掌

第一编　绪论

一、唯识教之希有

唯识是释迦牟尼佛在世时所说的一种法教，甚么叫作法教呢？不违正理，有轨可循，名之为法。凡有所说必有音声，即这音声及所说的道理，令闻的人能生明解，便名为教。不定要有神圣不可侵犯的意味，方名为教；或是定有劝善惩恶的意义，方名为教。如来所说的一切音声都是有正理的、有轨则的，可许弟子论议的，不是神圣不可侵犯的，也不仅是劝善惩恶的。诸圣弟子依此正理与轨则而修学者，都是有成就的。所以如来所说的一切音声叫作法教，这唯识一种法教，在如来一切法教中是最究竟的、是最明显的，而且是最切要的，所以这唯识一种法教在学理上与修行上，诚为第一甚奇、无上希有之法宝也。

为甚么说是最究竟的呢？如来法教有为初根人说的，有为中根人说的，有为上根人说的。初根是初闻佛法的人，中根是已闻佛法而未能通达的人，上根是已闻佛法而又能通达的人。如来为初根人及中根人说法，都是随顺化导、善权方便而说的，不是尽量尽理而说的，所以为这二种人所说的法教不是究竟。唯识的法教是为上根人说的，是尽量尽理而说的，所以说这唯识教，在如来一切法教中是最究竟的。

为甚么说是最明显的呢？如来法教有是善权方便说的，有是尽量尽理说的，已如前论。善权方便说的法是因人而说的，是随时而说的。要是某一种人在某一定的时期，便说这一种的法，不是某一种的人，不在某一定时期，便不说这一种的法。这一种法是不能执文迷义的，是不能尽人而从的，犹如医生以药治病，要审病情方能下药，这一种药，是不能无病而服的，亦不能尽病而服的。所以这善权方便的法教既是因人而说、随时而说，不是尽量尽理而说的，其意趣所在是最难通达的、是最不明显的。唯识的法教是尽量尽理而说的，能令一切不明显的法教皆得明显，遍于一切法教，皆是一味无差别的。犹如彩画所依托的质地，若是鲜明，便能显发所有彩画的颜色，这质地是遍于一切彩画的颜色，一味无别的。所以说这唯识教在如来一切法教中是最明显的。

为甚么说是最切要的呢？如来法教有为断烦恼障而说的，有为断所知障而说的。甚么叫断烦恼障呢？障谓障碍，烦恼就是贪嗔痴等，这贪嗔痴都是烦扰恼乱于身心的，所以皆得名为烦恼。有此烦恼的人，身心便为烦恼所系缚、永不解脱、不得自在，所以说此烦恼是障，以其障碍身心不得解脱的原故。如来为说烦恼生灭之因及其出离之方便，能令有烦恼的人自知出离，令其烦恼灭不更生，由此能得解脱自在，这便名为断烦恼障。甚么叫断所知障呢？障谓障覆，所知就是所见、所闻及所觉等，以此所见、所闻、所觉知的境，由于自心迷惑的原故，往往覆蔽真相，不能如实显现在前。譬如戴着有色的眼镜，观见外物皆为有色，外物真相皆为覆蔽，不能如实显现在前，这便名之为所知障。如来为说一切法之缘起，凡是所见、所闻、所觉知的法都是有甚深道理的，明此道理的人便能于一切法上除去了覆蔽，如实而知为有为无、为假为实，以及其他有无量的差别，这便名为断所知障。

断烦恼障的人不必要断所知障，如声闻乘是；断所知障的人烦恼障未有不断的，如大乘是。大乘人于断所知障时，一切所知皆能称实，自心既无丝毫迷惑，烦恼自然都不生起，所以大乘人断所知障，烦恼亦断，以所知障是烦恼障的根本，但起烦恼障必有所知障，所知障若无烦恼亦不起。由此可说，断所知障即是断烦恼障的根本，根本既断枝末何有？所以菩萨依大乘教二障俱断，是最切要的。唯识的法教是为大乘人说的，是为断所知障而说的，所以说这唯识教在如来一切法教中是最切要的。又如吾人生于现在，内而有已得的自体，外而有现前的境界，这个自体与夫现前的境界究竟从何而有？死没以后，除了色身以外，这个自体所有的知觉是否从此归于断灭，还是依然存在的呢？若假定是存在的，死没以后所知的境界是否还同于现在现前的呢？这是吾人最大的迷闷，亦即吾人最切要的问题，这个问题非依唯识最究竟最明显的法教，是万难于解决的。所以说这唯识教是在如来一切法教中是最切要的。

二、唯识教之依据

唯识的道理，原本是佛说的。佛初成道说《华严经》的时候，就说一切法皆唯有识（义如后解），其余各经中散见的亦多，世亲菩萨即依据此等经造《唯识三十颂》，后护法等菩萨又广征博引的解释此颂，令唯识的妙理得以成立，名曰《成唯识论》。这《成唯识论》是采集各经论的精要而成的，畅发唯识的道理是最极圆满的，原本是护法等十大菩萨各各别释的，每一菩萨各有十卷，共计百卷之多。玄奘法师译此论的时候，经窥基法师的请求，将百卷的《成唯识论》糅为一部，共为十卷，现今流通的就是此本。

这《成唯识论》既是采集各经论的精要而成的，究竟所依据的是何种经、何种论呢？就是六经十一部论，甚么是六经呢？所谓《华严经》《解深密经》《如来出现功德庄严经》《阿毗达磨经》《楞伽经》《厚严经》。甚么是十一部论呢？所谓《瑜伽师地论》《显扬圣教论》《庄严论》《集量论》《摄大乘论》《十地经论》《分别瑜伽论》《观所缘缘论》《二十唯识论》《辨中边论》《集论》。这六经十一论，可惜犹有未能传来此土的，今更表列如次：

《华严经》，佛陀跋多罗译六十卷，实叉难陀译八十卷。

《解深密经》，玄奘译五卷。

《如来出现功德庄严经》，未来此土。

《大乘阿毗达磨经》，未来此土。

《楞伽经》，求那跋陀罗译四卷，菩提流支译十卷，实叉难陀译七卷。

《厚严经》，地婆伽罗译三卷（即《大乘密严经》）。

《瑜伽师地论》，弥勒菩萨说，玄奘译一百卷。

《显扬圣教论》，无著菩萨造，玄奘译二十卷。

《庄严论》，本颂弥勒菩萨说，释论世亲菩萨造，波罗颇多罗译十三卷。

《集量论》，陈那菩萨造，义净译四卷。

《摄大乘论》，本论无著菩萨造，释论世亲菩萨造十卷，无性菩萨造十卷，以上均玄奘译。

《十地经论》，世亲菩萨造，菩提流支译十二卷。

《分别瑜伽论》，弥勒菩萨说，未来此土。

《观所缘缘论》，陈那菩萨造，玄奘译一卷。

《二十唯识论》，世亲菩萨造，玄奘译一卷。

《辨中边论》，本颂弥勒菩萨说，释论世亲菩萨造，玄奘译三卷。

《集论》，本论无著菩萨造，释论师子觉造，玄奘译十六卷。

以上所说的经都是佛说的，所说的论都是佛之弟子菩萨造的。凡是佛所说的经多是要略而说的，因为可以容易说明的原故，又为使人可以容易听闻，并且可以容易受持的原故。

这个经字作何解？就是贯穿缝缀的意义，名之为经。如来说法的时候，以有名有句有字的言声，将所应说的道理前后贯穿、次第缝缀，显成甚深无上的妙义。善听闻的人也便随着贯穿缝缀的法痕，自然生起甚深无上的妙解了，所以这贯穿缝缀的意义名之为经。

这个论字作何解？就是论议抉择的意义，名之为论，菩萨造论都是依据佛所说的经文而更广演其道理，经文不是绝对不许论议的，然所论议的道理是不能超越佛说而任意发挥的，不过于佛所略说的经文中，加以审正的论议和以精细的抉择罢了。譬如画师及其弟子共同做一彩画的事业，有先作模的，有后填彩的，画师就是作模的人，弟子就是填彩的人，弟子填的彩是终不能超越于模的，不过于模的范围以内，加以师所许的鲜明可爱的颜色罢了。菩萨造论的道理也同一样，凡是菩萨所造的论文多是繁广的，理多是精密的，因为要有精审的抉择方可令法久住于世，不致展转误解的原故，又为令人可以由简入繁、达解甚深微妙的原故。不要以为菩萨所造的论，既有精审抉择的道理，是为佛所未曾说的，便将先前佛所说的经判为原始的，后来菩萨所造的论判为进化的，下这一种判断的人都是不明白经论字解的意义及其范围的原故。这一种判断的来源只是由于自心上虚妄比拟而起的构画，不是有决定根据的。虽从历史上一方面观察，可许有几分相似的相貌，然实与佛教严正的道理相违了。

三、唯识教之训释

教字意义前已解释了，唯识二字是甚么意义呢？识即是心，然从了别的意识而言又名为识，因为心所知的境界有种种不同的现象说名为别，其能知的心也便随此不同的现象说名了别，了别二字原本说心，然是从境假立的名。例如所见的色、所闻的声、所嗅的香、所尝的味、所触知的寒暖等等，以及心中构画而起的种种对象都说为境，以是心所游历的境界、现象都是各别不同的，因此不同的缘故，便将能知的心划分出来说有八种，所谓眼识、耳识、鼻识、舌识、身识、意识、末那识、阿赖耶识（名如后解）。从眼识至意识通说为前六识，以其最粗显的缘故，是为人人所能知的，所以先说；次末那识说为第七识，后阿赖耶识说为第八识，以这二种是最深细的缘故，是为人所难知、难信的，所以后说。这种排列的次第不过强以粗细为其先后罢了，不是决定要如此的。

识字已解，唯字是何意义呢？唯字是遮简的意义，遮简是语言中的一种作用。语言的作用有二：一是表诠，一是遮诠。凡是所应说的道理使用表诠表示出来，凡是所不应说的道理使用遮诠简别出去。如说某一种色是青、是黄、是赤、是白，或不是青、不是黄、不是赤、不是白，凡说是字的方面都为表诠，凡说不是字的方面都为遮诠，余可类推。现在说的唯识二字之中也有表诠与遮诠二种作用，识字便是表诠，因此表示许有内心的道理，唯字便是遮诠，因此遮止不许有外境的道理。二字联起来说，便是于表有内心之中隐含遮无外境的意义。

因何不许有外境呢？吾人现见的山河大地都是心外的境界，若有山河大地的处所便见其有，若无山河大地的处所便见其无，这山河大地是随处所有无的，不是随心有无的，因何不许心外有境呢？这种道理是最极复杂的，不是简单的几句话所能解说明白的，今且略略的说一下。

在佛法的教义中说有六根六境六识，各各作用的界限是极分明的，所以名为十八界，这十八界的道理是最究竟最圆满的。六根是甚么？就是眼、耳、鼻、舌、身、意，这六种能为识所依止的处所，又能为识生长的门户，识生之时，此能与彼有增上的势力，故名为根。六境是甚么？就是色、声、香、味、触、法，这六种是为识所游历的处所，故名为境。六识是甚么？就是眼、耳、鼻、舌、身、意，这六种识是从所依的根而立名的，若是从境立名也可名为色识、声识、香识、味识、触识、法识。这根境识三种的关系是最极密切的。根境二种都有生识的功能，若是所依的根坏了或是境不当前的时候，识便不能生起了，譬如盲目的人不能见色，聋耳的人不能闻声，就是因为眼根、耳根坏了的缘故，眼、耳二根既是如此，所余的四根道理亦同。又如过去已灭坏的境，或在未来未生起的境，以及远在他处或为其他障碍的境都是不能看见的，就是因为境不当前的缘故。这是泛论根境识三种相互的关系。

若再分析起来，各各的根对各各的境，为各各识的所依、所缘，是不容有羼杂的。譬如眼根坏了，眼识不能以其他不坏的根为依而见色境，或是色境不当前的时候，眼识也不能以其他当前的境而为所见，这种事实是最极明显的。所以何种根为何种识所依，何种境为何种识所缘，这种道理也应该是有决定的。

根据此理，再来论山河大地是为何种识所缘的境呢？山河大地是吾人于所见知的实物上给他的一个假名，这个假名但为意识所缘的境，不是其他的识所缘的境，因为意识缘境的作用比较其他的识是特别的广大，无论境的若假若实、若有若无，意识都能缘得到的。又与意识相应的想心所也是特别明利的，凡是境象的大小、广狭以及其他无数的分量、限度，这想心所都能比拟构画出来，如绘画似的，令于自心上有一种相似的相貌当前显现。这一种相貌但是与实有的相似罢了，不能将这相似的相貌即说为实有，凡是一切物的假名都是依这非有似有的相貌而安立的，这一种相貌的境只是因名而起的心境，因为非有似有的缘故，是最易令人生起迷惑的。

佛法的根本主义正是因为要打破此种的迷惑，所有根本的法相道理，都是打破此种迷惑的善巧工具，除了此种善巧工具而外是绝不能打破此种迷惑的。世间的人无论何等的聪慧，终是为名言迷惑的，于此种迷惑的原因尚不求解，哪有打破之一日呢？吾人自闻山河大地假名以后，便依假名起了一种实想，以为山河大地是实有的物，又或以为山河大地的名是依实物而说的，这种言说不是荒诞无稽之谈，哪能说山河大地唯是假名呢？须知一切的名都是假的，不应分别依实物的名是实，不依实物的名是假。甚么道理呢？因为实与不实是物一方面的差别，在名一方面是无此差别的。譬如火是一种实物，以其能烧燃的缘故，所说的火名便无此烧燃的作用了，这个火名所依的火，虽是实物而以其无烧燃的作用，便不同于实火了，岂能说这火名也是实有吗？依实物的名尚且不实，不依实物的名更不必说了，所以说一切名都是假的。

或有人说依实物的名若都是假，何以某一种名说某一种物要有一定的限制呢？须知名是依物而立的，吾人对于某一种物，有种种的观察不同，由有种种的观察，可于一个物体上安立若干种名，譬如江淮河汉都是水的别名，峰峦岭岫都是山的别名，若许名称其实，一个物体上哪容有这许多名呢？不过立这许多的名，都是要观察这个物体上所应有的义，不是漫无限制罢了，其实何尝有一定呢？须知所说这应有的义是由观察所得的，是由心想所起的，都是意识所增益的，这义不是实有的物，实有的物是要离了意识的增益方能求得到的。这义既不是实有，依义而立的名当然亦非实有了，所以说一切名都是假的。

根据前说的道理，名是依义而立的，义是观察所得的、是心想所起的，都是意识所增益的，山河大地也是名，这名也是依义而立的，这义也是观察所得的，也是心想所起的，都是意识所增益的，所以说这山河大地的名但为意识所缘的境。吾人闻了这个假名，若能知是意识所增益而立的，便知是假，便不为名所迷惑了，不应于这假名上反生一种实想，有此实想的人都是不能明白名是意识的境，及其真实道理的缘故。

复次，这山河大地的名既然是假，而这假名所依的实物，究是何种物体呢？这种物体，既不是如名言所说的有一整个的山河大地，而这山河大地的名称，究依何种物体而有的呢？今欲解决这个问题，要先将一切物质的实有假有划分界限，方有一定的判断，有了判断方好解决。这界限如何划分呢？就是一切待名言的物都是假有，一切不待名言的物都是实有。待是对待之义，对待名言方能觉知的，说为待名言的物，不对待名言而即能觉知的，说为不待名言的物。例如吾人所著用的衣服，因有蔽体的作用，遂假立这衣服的名，其实衣服还是布帛，衣服的意义是待名言方能觉知的，所以衣服不是实物；又这布帛是由丝缕而成的，布帛也是一种假名，丝缕是由微少的物聚集而有的，丝缕也是一种假名，这布帛丝缕的意义也是待名言方能觉知的，所以布帛丝缕都非实物。以这一切的名都是吾人心想所造的缘故，若是离了这心想所造的名，而有为吾人所知的物，这一种物方可说为实有，以其不待名言就能觉知的缘故。例如色是为眼识所见的，声是为耳识所闻的，香是为鼻识所嗅的，味是为舌识所尝的，坚湿暖动是为身识所触的，这一切的物都是不待名言就能觉知的，所以说为实物。当婴儿的时代，有所见而不知为色，有所闻而不知为声，以及有所触而不知为坚湿暖动，就是离了色声等的名言而有所见所闻等的实物。到了成人以后，既闻色声等的名言，便于所见所闻等的实物上，有了名言的夹杂。久而久之，这所见所闻的实物，便与假名的界限，混合不分了。以为所见、所闻的就是色、声，不知所见、所闻之中有待名言的色、声，有不待名言的色、声，待名言的色、声说他是假，不待名言的色、声说他是实，这假与实的界限是最极分明的。色、声的名言不过是所见、所闻的一种符号罢了，哪容说这所见、所闻的实物，就是色、声的符号呢？

一切物的假实界限既经划分清楚，有了一定的判断了，今再解决山河大地的问题，究依何种实物而有这种名称呢？就是吾人所可见、所可闻、所可嗅、所可尝、所可触的种种物都是不待名言的，都是分别显现而可得的，可以说为实物，为山河大地假名的所依，离此以外无别分明显现可得的实物，所以不说其余的物，为山河大地的名之所依。因为吾人依这可见、可闻等的实物，从自心上比较对待虚拟构画起了种种不同之想，或名为山、或名为河、或名为大地，其实都不外这可见可闻等的实物，若是这可见可闻等的实物坏了，这山河大地的假名也就随着消灭了。因为这个道理，所以说山河大地唯是假名，所依的实物唯有色、声、香、味、触是分明显现可得的实体，这山河大地的假名唯是由于自心上一种高下动静不同之想，不是实有高下动静不同之物。所以山河大地但是实物上的一种名言，是内心所分别的境，不是心外实有的境。

山河大地的假名说是由内心所分别的境，可许不是心外实有的物。然而这山河大地的假名，既有所依的实物，这所依的实物又不是内心所分别而有的。这岂不是外境吗？因何唯识的道理，决定遮止不许有外境呢？须知山河大地所依的实物，就是色声香味触种种对象，这种种对象，虽然似是在外分明显现，却是随有情的识差别而有的。我们人类所能觉知、所能受用的境，在其他种类的有情不必能觉知能受用；其他种类的有情所能觉知所能受用的境，在我们人类，又未必能觉知能受用。世间现见的鸟兽虫鱼，与我们人类觉知不同、受用不同的实例甚多，不必列举。若是这色声香味触种种对象，实是心外的境，因何随有情的识不同，而有种种差别呢？既是随识不同而有种种差别，还是不能离识而有外境。例如吾人戴着红色的眼镜，便见外物皆成为红；若是戴着黄色的眼镜，便见外物皆成为黄。这些红黄的颜色，虽似在外分明显现，然却不是决定在外的；若是所戴的眼镜，改变了颜色，这些在外的颜色，也就改变了。有情的识，种类不同，正如眼镜一样随识而有的种种对象，正如随眼镜而有种种的颜色一样。所以唯识的道理，决定遮止不许心外有境。

前说色声香味触种种对象，都是实物，都不是内心所分别而有的，今何又说随识不同，而有种种差别呢？须知前所说的内心，是专指第六意识而言。第六意识所缘的假名，原本是无，但由分别变现似有，所以说假名是由内心分别而有的。色声香味触，既是实物，便不同于假名，不唯属于第六意识所缘的境，所以说不是内心所分别而有的。后所说的随识不同，这个识字是指第八识与前五识而言，第八识的生起唯是随业力而转的，是任运而无分别的。甚么是业力呢？就是由于前前世意识能分别的缘故，便有种种的造作说名为业，这种种业造作的时候，有一种特别的势力击发在第八识中，第八识为所击发的缘故，便为种种的业力所熏染了。自此以后，这熏染的势力常常在第八识中展转不绝，说名业种，谓如种子有能生果的意义，到了今生随得一种有情之身，皆是业种所生的果，随一有情身中又有随类不同无量的业种。若是这一身中业种尽了，这一期的有情身也就不能刹那存在了，犹如油尽灯灭的道理一样。又这身中所有的业种，在前前世击发熏染的时候，随是何等的取相，到了今世业种生果的时候，还是同前随是何等相的生起，犹如照像翻板的道理一样。我们今世所现觉知所现受用的色声香味触的种种对象，都是从各自种子而生起的，都是依第八识相续不断的，所以说色声香味触种种对象都是实物，都是随有情的识不同而有种种的差别，决定遮止不许心外有境。

前说色声香味触种种对象，是为眼耳鼻舌身五识所见、所闻、所嗅、所尝、所触的境，今何又说随第八识的业种不同而有种种差别呢？须知第八识的业种是随得一有情身的总果之因，由此业因积渐的日子多了，如种成熟，便能感得一有情身的总果，有了这个总果又渐渐由业种的差别，转变生起眼耳鼻舌身五种色根。这五种色根是依第八识而生的，又由第八识为依的缘故，这五种色根不致有时坏烂，自从生起这五种色根以后，渐次渐次的圆满，便有二种作用：一是于第八识总果所变的色声香味触种种的对象，能为各各的观照，成为各自的境界，就是如前说的眼能见色、耳能闻声等；二是能为眼耳鼻舌身五识的所依，由此五种色根为依，眼耳鼻舌身五识方能各各缘得各自的境。若是根坏了，因为不能为依的缘故，五识便不能缘境了，此种道理如前已说，譬如盲目的人不能见色，聋耳的人不能闻声等。因为这种种的道理，这色声香味触种种的对象，根本上是随有情的第八识变现来的，五种色根不过于这五种对象能为各自观照罢了，如镜照物一样，有了这五种色根能各自观照的作用，眼耳鼻舌身五识依之而又变为一种影像，于这影像上便生筹虑，说名缘境。这缘境与照境的作用显然不同，缘境是有筹虑的，照境是无筹虑的，这是根与识二种的差别，所以说色声香味触种种对象是随第八识及前五识而有的，以其不是随第六意识分别而有的缘故，所以在这一有情身总果相续存在的期间，凡是为所见、所闻等的对象常是坚住不动的。又以这种种对象恒常坚住的缘故，所以目遇之而成色，耳得之而为声，这色与声虽似在外，而实为自第八识所变现而来的。凡是同类有情的第八识就能觉知、能受用同类的境，若不是同类的有情，第八识所变现的境就不一样了。所以唯识的道理决定遮止不许心外有境。

由上所说根境识的道理，及一切物假实的界限与夫种种的辩难分析，应当知道山河大地唯是假名，唯是第六意识所缘的境，何尝有个现见的山河大地呢？又这山河大地假名所依的色声香味触虽是实物，虽似在外分明显现，却是为第八识所变现的，及为前五识各自所缘的，何尝离识而别有外境呢？吾人不依佛说的教义，妄自揣想真实的道理，是万揣想不到的，何不于这佛说的教义，切切实实的去研究呢？

复次，依这唯识的道理，决定遮止心外有境，因何于这心法以外，佛更说有色等法呢？须知佛所说的色法是依色心非一的道理而说的，甚么是色心非一的道理呢？因为有缘虑的作用名之为心，有质碍的作用名之为色，这两种作用是显然不同的，心的缘虑作用色法无有，色的质碍作用心法无有，所以佛于心法以外别说色法。然此别说的缘故，只能证明色法作用是与心法非一的道理，不能证成色法是离心法而有的。若强说这色法是离心法而有的，便与佛说的三界唯心，又说所缘唯识所现，又说诸法皆不离心，又说有情随心垢净，这些唯识的教义都成相违了。所以这唯识的道理，一方面既知遮无外境，一方面又知许有他法，许有他法与遮无外境是不相矛盾的。

这唯识的识字，但是总说不是专说，若是专说便不应许另有他法了，今是总说，所以于这心法自体而外还包括有许多的法。如佛说的五法聚中，心法以外有色法，有心所有法，有不相应行法，有无为法；色法是为识所变的，心所有法是与识相应而起的，不相应行法是识的分位差别，无为法是识的实性。道理繁多不能详述，不过略举其名罢了，这些个法都是不离识而有的，所以但说一个识字便能包括这许多的法。

又这唯识的唯字，但是遮止离识而有所余的法，不是说唯有一识更不许有其余的法了，也不是说一切有情唯是共同有一个识。若是共同有一个识，那便无有凡与圣、尊与卑、因与果的种种差别了，可以说我的识即是佛的识，也可以说佛的识即是我的识，又可以说我的识即是下等动物的识，也可以说下等动物的识即是我的识，这岂不是漫无差别，成了大错吗？所以这唯识二字，不是一切有情共同有一个识，只是一切有情各各有自己的识罢了，随是何种的有情，就有何种的有情身及何种受用的境界，这身与境界根本上都是为自己的识所变现而有的，不是其他的有情能变自己的身及自己所受用的境界，也不是自己能变其他有情的身及其他所受用的境界。简括的唯识道理不外如是。其余的分别，后再详说。

四、唯识教之传宗

吾人从无始时来，依自己的寻思而起虚妄的分别，执为实有在外的境，由此不能证得真实的道理，所以如来于《华严》等经中说一切法皆唯有识，为令吾人观得自己的心，为一切法万有的起源，不迷执有在外的境。既不执有在外的境，便于悦意的境上不起贪爱的心。于不悦意的境上，亦不起嗔恨的心，更有其余种种的烦恼也就不起了。烦恼既是不起，诸业也就不造了。这烦恼和业都是当来生死的因缘，这种因缘若能永断了，便可解脱当来无量的生死，这即是所谓如来的大悲，不是徒托空言毫无实际的大悲所能比拟的。

如来灭后九百年间，有一菩萨名曰天亲出现于世，根据如来所说的唯识教义，制成了三十个颂，名曰《唯识三十论》，文义巧妙皆是广明唯识的道理，后有十大论师：一护法、二德慧、三安慧、四亲胜、五难陀、六净月、七火辨、八胜友、九胜子、十智月。这十大论师又根据前所说的六经十一论，将这唯识精要的道理，采撮了来解释这天亲菩萨所造的《三十颂》，名曰《成唯识论》。这十大论师之中护法所解释的道理最有研寻的价值，凡是难解的问题都能解得不违经意，契合正理，从此这唯识教便传宗于世了。甚么叫作宗呢？凡是所尊所崇所立所主之义都名为宗，这唯识二字正是标明传宗的主义，这一宗的主义是主张中道的，然却不是依违两可的，甚么是中道呢？就是于真实是有的法说他是有，于真实是无的法说他是空，不说一切法是有，也不说一切法是空，说有说空皆有至当恰好的分限，及其真实不虚的道理，这便名为大乘中道第一义谛。这唯识教的识字一方面是表示内心是有的，唯字一方面是遮简外境是无的，所以这一宗主义是主张中道的。

我国玄奘法师往至印度，亲承此宗精要的教义，归国而后，将十大论师所造的《成唯识论》糅为一部，以成现今流通之本。窥基法师亲承指授，更将唯识的隐微道理阐发出来，纂为《成唯识论述记》。次有淄州慧沼大师继承基师，著有《成唯识论了义灯》。后有濮阳智周大师，禀于淄州，继传此宗，著有《成唯识论演秘》。此外还有余人盛扬此宗的教义，然皆不是此宗的嫡传，所以不更具述了。

第二编　本论

唯识教的范围很宽，前所说的色法、心所有法、不相应行法、无为法皆不离识，皆在识的范围以内，今为简括说明的缘故，只将八种识的分别说为本论的范围，其余的色法、心所有法、不相应行法、无为法不更多说了。

甚么是八种呢？八识就是眼识、耳识、鼻识、舌识、身识、意识、末那识、阿赖耶识，这八种识又名八个心王，譬如国王有所辖的自己国土，凡在自己国土范围以内，国王的势力都能统辖得到的。这八识的道理也同一样，各各的识有各各所缘的境，凡在自己所缘的境范围以内，各各识的势力都能缘虑得到的，所以名为八个心王。前五种识的缘境是最极粗显的，是极容易可知的，又是最极狭小的，譬如眼识缘的色，耳识缘的声，鼻识缘的香，舌识缘的味，身识缘的触，都是最极粗显的，为人人所共知的。缘境的势力又是各不相犯的，所以说是最极狭小的。意识就不然了，不如五识的缘境最极粗显，然也不如七、八二识的缘境是最极微的，有是容易可知的，也有是不容易可知的，又是最极广大的。凡是若内若外、若假若实、若有若无、若色若心一切的法，都为意识所缘的境，所以说是最极广大的。末那识是缘第八识为自己的境。阿赖耶识是缘自己所摄持的一切种子为境，又缘眼等五根聚集为依的身为境，又缘现世界依处为境。这末那识和阿赖耶识所缘的境是最极细微的，为人所难知的，不但未闻佛法的人不能知道，就是声闻乘人佛也不为他说，恐他听了反生误解的缘故，所以说这二种识是最极微细的，为人所难知的。详如后说。

以上的说法，是就八识的缘境略显划分八识的道理，然八识的差别不但是缘境一门，缘境只是差别中之一种，若一一列举出来，总共有五门的差别，就是一自性门、二所依门、三所缘门、四助伴门、五业用门。

甚么叫作自性呢？性是体性，这一法的体性与他法的体性不同，这个体性是为此一法所独有的，所以名为自性。例如地以坚为自性，水以湿为自性，火以暖为自性，风以动为自性，都是各各有各各的体性，是不容混杂的。这自性的名词略如近世所称的个体一样，然根本上道理不同，佛法中所说一一法的自性都是随一一法上可取的相貌而假立的，不是离了这个可取的相貌而别有个不可知的真实自性，这自性但是限于一一法上可取的相貌假说罢了，超过这相貌以外便无所谓自性了。譬如前所说的地以坚为自性，水以湿为自性，火以暖为自性，风以动为自性。这个例就是因为有坚相可取的缘故便说地以坚为自性，因为有湿相可取的缘故便说水以湿为自性，因为有暖相可取的缘故便说火以暖为自性，因为有动相可取的缘故便说风以动为自性。若是离了这可取的坚相、湿相、暖相、动相，还说甚么坚性、湿性、暖性、动性呢？世间的人，多是以为先有坚湿暖动的实性，然后有坚湿暖动可取的相，若无实性的本体，也就无有可取的相貌了。不知所说的坚湿暖动的相貌是由身识分明可证的，不能说他为无；说有坚湿暖动的自性是由意识因身识的感受而追想的，不是分明可证的，哪能说他是实有呢？世间的人有这种迷执的甚多，如算命、卜课等事，都是因为迷执先有，不求甚解的缘故。

甚么叫作所依呢？吾人现见有生有灭的法，无有自能生起的，都是要待其余众多的法凑集和合的势力，这法才能生长起来的，例如谷麦种子要待田水日光凑集和合的势力，这谷麦种子才能生起谷麦的芽，若无田水日光等种种凑集和合的势力，这谷麦种子便不能生芽了，这就是佛法中所说的因缘道理，谷麦种子名之为因，田水日光等名之为缘。因是亲能生芽的，缘是助成生芽的，这二种是不能阙一的，有缘无因便是无种，无种哪有生芽的希望；有因无缘便是无助，无助就是无众多的法凑集和合的势力，那芽也是不能生起的。所以凡是有生灭的法，佛法中都名为有为法，凡是有为法无有不是因缘具足才能生的。这因与缘都是有为法的所依，因的所依名种子依，缘的所依名俱有依。种子依是说一切法的生起都是依于各自种子的亲因，例如色法有色法种子，心法有心法种子，心法之中复有一一心王和一一心所的差别，便更有一一心王和一一心所的种子，离了各自法的种子便无能生各自法的亲因了。俱有依是说心王和心所的生起，除了自法种子而外，还有其余的法是为自法所依托的，例如谷麦生芽的时候，除了自己的种子而外，还有田土的胜缘为这谷麦芽的依托，这种依托是与自法同时俱有的，若是这所依托的胜缘坏了，自法也就不能生起了，所以名为俱有依，就是彼此俱时而有的意义。今这所依门中，为显八识的差别所以但说俱有依的胜缘，那种子依既是各自法的亲因，当然是各各不同的，便无须更说了。

甚么叫作所缘呢？缘是缘虑，即是分别。凡是心王和心所法都有能分别的作用，说名能缘；与这心王和心所法相对的境，是为心王和心所法所分别的，说名所缘。这能缘、所缘唯是限于心王和心所法而说的，除了心王和心所法而外，其余所有的法虽也有相对的境，但不名为所缘。因为与境相对的法，既不是心王和心所法，便无能缘虑的作用，所以不名能缘；而这相对的境，既不为缘虑法之所缘虑，所以也不名为所缘。例如色法是为眼识所取的境，因为能取这境的眼识，是有缘虑作用的法，所以这所取的色境也可名为所缘。然这色法，不但为眼识所取的境，也为眼根所取的境，因为能取这境的眼根，不是有缘虑作用的法，所以这所取的色境不可名为所缘，这是所缘与非所缘二种的定义，不可说凡境都是所缘。又这所缘，有亲所缘和疏所缘二种的差别，疏的所缘说名本质，亲的所缘说名影像。甚么叫作本质呢？就是影像所托的实质，譬如以镜照面，必有面的实质，才有所照的面影，这面的实质就是为面的影像所依托的。甚么叫作影像呢？就是依于光影的差别，而有一种与本质相似的相貌显现当前，这相似的相貌，就名影像。因何这种影像说为亲的所缘，而这影像所依托的本质，反说为疏的所缘呢？须知心、心所法的缘境，都是随自心、心所法变现而有的，这种变现而有的境，就是自心所起的影像，无论何种能缘的心，影像是决不能无有的，若是离了这种影像，无论何种境，都不成为所缘了。譬如以镜照面，面是所缘的境，然亲的所缘，唯是镜中所照的面影，而这面影所托的面质，不过是间接的疏所缘罢了。若是离了这种面影，那面的本质，自己是无从见得到的，所以影像名为亲的所缘，而这影像所托的本质，名为疏的所缘。

甚么叫作助伴呢？助伴就是心所有法，总合有五十一种之多，都是与心王能为助伴的。甚么叫作心所有法呢？因为具有三种道理名为心所有法。第一道理，因为这一种法常是依于心王生起的势力，才能生起的，心王若是不生的时候，这一种法决无生起的可能。因为心王的缘境，但取境的总相，有了总相，这一种法才能于这总相范围以内，更取别相，若是无有心王所取的总相，这一种法有何别相可取呢？例如眼识缘色，但能取得青黄赤白等差别的总相，在这同一时间以内更有受心所有法，能于这青黄赤白总相上生起可意、不可意的差别，这种差别就是别相；复有想心所有法，能于这青黄赤白总相上生起大小长短相待而有的差别，这种差别也是别相；以这种种别相都是属于同一总相的。第二道理，因为这一种法常是与心王相应而起的，相应就是更互随顺和合而不相离的意义，心王所作的事业，这一种法也是同一工作的，若是离了这一种法和合的效力，心王所作的事业便不能成就、不能圆满了，所以这一种法，是与心王极有关系的。譬如一国的行政，有首领、有僚属，二者不可阙一，才能成办许多的事务。第三道理，因为这一种法是系属于心王的，心王八种之中，系属何种的心王，就名为何种心所有法。例如五十一种心所有法，略有六位的差别，第一遍行位中，有五个心所有法，一触、二作意、三受、四想、五思。这五种法是遍于八识皆可得的，八识皆与相应的，故名为五遍行法。然这五遍行，虽是遍于八识，而一一识的相应五法却是各各不同的，就是因为系属心王不同的缘故。以上的三种道理唯有心所有法是能具足的，简单言之就是第一常依心起、第二与心相应、第三系属于心，所以名为心所有法。心王所作的业若是善的，这相应的心所有法一定是属于善位所摄的；所作的业若是不善的，这相应的心所有法一定是属于烦恼位所摄的。并且心王所作的业或善或不善，不是由于自体的作用，都是由于心所有法有善有不善相应的势力所酿成的。因为这种种的道理，所以心所有法名为助伴，就是助伴心王的缘故。

甚么叫作业用呢？就是一一法的生起各有各的势力，这种势力能有种种的效果，所以名之为业用。譬如六根六境有能持六识的势力，六识是依彼所生的效果，所以这能持的势力就名为六根六境的业用，余可类推，不更多举。

以上五门，八识都有，然是各各不同的，因为这种种不同的缘故，所以识体不唯是一，说有八种。今将识体归并成类，说唯有三，一是异熟识即第八识，二是思量识即第七识，三是了别识即前六识。这前六识缘境的行相都是粗显可知的。所以并为一类名了别识，然这了别识之中，第六识与前五识更有多种的不同。前五识所依的都是色根，所缘的同是色境，这两个色字是说总名，凡是五根五境皆此色字所摄，又俱是但缘现在，又俱是现量所得，又俱是多有间断，五识之中，无有一识常能现起的，所以前五识可总说为一类。第六识便不然了，所依的是意根，所缘的是色法和心法一切的境，又不但缘现在，也能缘过去和未来，又不唯是现量所得，比量、非量都是意识所有的，又不是多有间断，因为自能思虑，不同五识要仗现境才生的缘故。因为这多种的不同，所以从第三类了别识中更分为二：一前五识，二第六意识。今此以下的说明，依这道理，将八种识略分为四段，就是一前五识，二第六识，三第七识，四第八识，于一一识中就以自性、所依、所缘、助伴、业用五门显其差别，作为本论的正文。其余的道理尚多，不更繁说。

前五识以何为自性呢？自性是依相而假立的，已如前说。一切识的体性都是缘虑的作用，因何道理划分为五说有各各的自性呢？就是因为所依所缘的不同，而于其中识的缘虑作用不无差别的缘故。如眼识是依眼根缘色境而生的，所以眼识的行相唯有与色相似的影像显现；耳识是依耳根缘声境而生的，所以耳识的行相唯有与声相似的影像显现；鼻识是依鼻根缘香境而生的，所以鼻识的行相唯有与香相似的影像显现；舌识是依舌根缘味境而生的，所以舌识的行相唯有与味相似的影像显现；身识是依身根缘触境而生的，所以身识的行相唯有与触相似的影像显现。总论这些识都是有缘虑作用的，可说是无有差别，然眼识所依的是眼根，所缘的是色境，这是不为其他的识所共有的，因此依这根境和合不同的相貌，就立为眼识自性。其余的耳识鼻识舌识身识不同的道理，也是从于各自的根境而说的，不必一一列举了。又这根境识三种各有各的相貌，是为吾人现量可得的，或是为吾人比量可知的。五识生起的时候，既有决定所依的根和所缘的境，所以不能不称理的分别，说为眼识耳识鼻识舌识身识，若是主张唯有一识，那便应无所依所缘的种种差别。若说虽是一识而可许有时所依所缘的不同，那便应无五识同时俱起的可能，然而吾人于任何一物体上，同时可有所见所闻所嗅所尝所触的相貌，这就是五识同时俱起的证据。例如吾人手执一花，同时于这花之色是为眼识所见的，于花之香是为鼻识所嗅的，于花之味是为舌识所尝的，于花之体坚软轻重是为身识所触的，若更以指弹之，于花之声又是为耳识所闻的。若说唯有一识，哪能同时有这许多的相貌呢？这都是不解法相假立自性的道理，所以有这种的错误。换言之，就是执实自性一点的病根所构成的。

复次，这五识的缘虑不同，虽是由于所依所缘的差别，然却不是依缘的法能有缘虑，因为缘虑唯是心心所法所能的，五识所依的皆是色根，所缘的皆是色境，哪能有缘虑的作用呢？吾人现见的一切物质，皆是属于色法范围的，虽或有时因触感的作用而起兴奋或动作，然决非有能缘虑的行相。所以佛法于色以外，别立心法，就是以无缘虑有缘虑为其判断。吾人既知色与心的差别，便知一切有生命与无生命的差别。有生命的，佛法中说为有情，无生命的，佛法中说为非情。凡是有情，都有能缘虑的心，都是有寿命为依而不可分析的。因为心能缘虑的缘故，所以一切有情，皆能发起善不善业；因为有寿命不可分析的缘故，所以不能舍离此身而得存活，寿尽命终便名为死。若是非情便不然了，既无能缘虑的心，所以不见有能发起善不善业，虽是有生长而无有寿命，所以分析而可存活，其依止的处所和终尽的时期，也皆无有决定了。例如一树，将其枝条断了下来另栽他处便得更生。若是同有一个的寿命，哪能两处并生呢？若许他处既得更生，还是同一的寿命，由此展转，这树的寿命便无终尽的时期了，寿命二字也便成为无有意义了；若许不是同一的寿命，现见这更生的枝条是从彼树断了下来的，岂有不是同一寿命的道理。由此种种，所以佛法中凡属非情的物虽是生长相续似有寿命，然从可分析的方面观察起来，便与有情的寿命真实相反了。所以不许这树等物说为有情，说一切树等皆悉有命是离系出家外道的所说的，《瑜伽师地论》破的很多，今且略举一说罢了，因为解释五识的自性，因论生论说到色、心法的差别，又说到有情与非情建立的道理，这是为吾人所应知道的，所以此中不惮烦说。

五识的自性已经说了，五识的所依就是五根，根是生长门义，因为五识要从此处出生增长，所以名之为根。譬如花木种子将要生芽，必有所依托的根，有了依托的根，能令种子的势力增上才能生芽，五识生长也同一样，所以将这五识所依托的处所譬之为根，又这五根既为识所依托就是五识生长的处所，所以称之为门。总论根法共有六种，所谓眼耳鼻舌身意，此中所讲的唯是前之五种，这前五种都是色法为体性的，然这五种的色法不是为吾人所能见的，因为吾人的肉眼只能见一切肉团的色，这肉团的色佛法说此名为扶根，是与五根能为扶助的意义。五根的色法是最极清净的，由此清净的色能为五识的所依，所以有见色闻声等等的效用，倘若唯是肉团的色而无清净的色，那便无有见色、闻声等等的效用了。试观一类害眼病的人，从眼的表面上不见有何等病状，然却不能见色，这就是由清净色发生病害的缘故。不过肉团的色既能扶助清净色的眼根，就是清净色的外护，若是外护有了病害，也能为清净色的障碍，令其不能见色了。世间的人但见肉团色的眼根于有病时不能见色，于无病时即能见色，心便以为只有此肉团色的眼根，无别清净色的眼根。据实道理，亲能见色、闻声等的效用还是在清净色，不能因为肉团的色粗显可见，便将不可见的清净色根不承认为有了。不过这种的根法不是为吾人现量所见的，然有见色的作用是为比量可得的，所以说根决定别有。

复次五根，既说不是粗显可见的色，因何道理不说即是五识，还别立为清净色根呢？须知一切有为的法除了亲生自果的种子而外，都是要有其余的法为所依托的，既有依托便有所依与能依的差别，若于一法说为能依不能于此又说所依，所以于这能依法外须别有一所依的法。例如谷麦等种亲能生自谷麦的芽，然必要有田土等缘能为增上方能生长，这田土等缘就是谷麦等种所依托的，谷麦等种就是依托于田土的，说为能依，这所依与能依是相对而立的，当然不能说是一法。五识生长的道理也是一样。除了亲生自果的识种而外，还要其余的法为所依托，就是五根，这五根是为识所依托的，识是依托于根的，说为能依。这所依与能依既是相对的差别，所以说这五根不即是五识。又这五根是为第八识所执受的，第八识随业力转，无有间断，所以这根在有情身中也是常相续的。五识就不然了，五识的生起，所待的缘是最多的，若是所待的缘有一不具，五识就不能生起了。所以眼识有九种缘：一空、二明、三根、四境、五作意、六第八识、七第七识、八第六识、九自种。空者就是无有障碍，明者就是无有黑暗，根者就是亲为所依的法，境者就是亲为所缘的法，作意是一种心所有法，有能警觉心王的功能，第八识是为一切法的根本所依，第七识是为一切法染净的所依，第六识是为一切法分别的所依，自种是亲生自识的因缘。以上这九种缘是为眼识所必有的，若阙一种，眼识不生。耳识有八种缘，前九种中除明一种。鼻、舌、身三识皆有七缘，前九种中除空明二种，因为这三种识的取境要近至根方能知觉，所以应除空之一种，其余应有应除的道理，容易可知，不劳繁说。由上所说五识的生起要有多缘，一缘不具就不能生，所以五识是时有间断的，不同五根恒相续起，所以五根不说即是五识。

复次，五根既是同为一清净色，因何道理不总说为一根还要别说为五根呢？须知根的立名是望于识而说的，此能生彼故名为根，然五根的色类虽同，而生识的效果有别，即如眼根只能生自眼识，耳、鼻、舌、身四根亦只能生自耳、鼻、舌、身四识，皆是不能互易而生的。所以五根虽同是清净色类，然眼根但为眼识的所依，耳根但为耳识的所依，鼻根但为鼻识的所依，舌根但为舌识的所依，身根但为身识的所依，这些所依都是不与余识所共有的，所以名为不共所依。因为能依的识既有五种的差别，而这所依的根也有五种不同了。

前五识以何为所缘呢？缘是缘虑，已如前说；所缘即是所缘虑的境，五识的境共有五种，所谓色、声、香、味、触。色是眼识所缘的，声是耳识所缘的，香是鼻识所缘的，味是舌识所缘的，触是身识所缘的。眼识所缘的色是有见有对的。甚么叫作有见呢？就是眼识所缘的一切的色境必有所据的方所，由此方所可以示现一切色的相貌，是为眼识所取的，所以这色说名有见。甚么叫作有对呢？有对就是一切的色法彼此更互为所障碍，又彼此更互为能障碍，能碍往来是有对义，所以这色名为有对。又这眼识所缘的色有其三种的差别：一是显色，二是形色，三是表色。显色就是青黄赤白四种的色，为一切色法的实体，由此四种其相显了故名显色。形色就是青黄赤白的色体由积集的不同而有种种形状差别，所谓长短方圆高下正不正等，例如于色聚中，若见有一方面的色多便名为长，若见有一方面的色少便名为短，若见四面的色相等便名为方，若见面面的色俱满便名为圆，若见当中有凸出的色便名为高，若见当中有凹的色便名为下，若见色面齐平便名为正，若见色面参差便名不正。这些形色的差别都是依于显色而有的，离了显色便无所谓形色了，所以形色说名假色，唯有青黄赤白四种显色说名实色。又有所谓光影明暗云烟尘雾等色，《瑜伽》说是显色的种类，也是为眼识所缘的，然亦不是实色，不过因青黄赤白色体能与有情或损或益，所以有此建立罢了。表色，表谓表示，就是身能屈伸依业转动有种种造作的相，能表内心令他可见故名表色，这种表色也是不离显色实体的，因为这色可能表自内心的缘故所以别开表色一种。以上这显、形、表三种色都是有见有对的，所以都为眼识所缘的境，其余耳识所缘的声，鼻识所缘的香，舌识所缘的味，身识所缘的触都是无见有对的，因为这声、香、味、触四法虽是也有方所示现的意义总名为色，然不是眼识所取的境所以不名有见，然却都是有障碍的所以仍名有对。

又声之中略有三种：一因执受大种声，二因不执受大种声，三因执受不执受大种声。甚么是因执受大种声呢？大种有四：谓地水火风，据实而说即是坚湿暖动，因这四种能生众色，其性大故立大种名，所以四大名能造色，余色等法名所造色。此中所说的声也是所造色之一种，其能造的四大种又有二种：一是属于内身而有的，二是不属于内身而有的。属于内身而有的大种名执受大种，因为内身是为第八识所执持的，又是能生苦乐二种觉受的，由此二义故名执受，此之大种既是属于内身而有的所以名为执受大种，由此为因所生的声名因执受大种声。甚么是因不执受大种声呢？如前所说不属于内身的大种，就是不为第八识所执持的，又不是依内身而有苦乐二受，所以名不执受大种，由此为因所生的声名因不执受大种声。甚么是因执受不执受大种声呢？就是由前所说二种四大为因所生的声，名因执受不执受大种声。例如言说鸣吼等的音声是由执受大种为因所生的，名因执受大种声。又如风林江河等声是由不执受大种所生的，名因不执受大种声。又如手鼓等声是由执受大种与不执受大种和合所生的，名因执受不执受大种声。

又香亦有三种：一俱生香，二和合香，三变异香。甚么叫作俱生香呢？谓如旃檀香等，自体是香，与生俱故，名俱生香。甚么叫作和合香呢？谓如和香等，自体非香与香和故，名和合香。甚么叫作变异香呢？谓如熟果香等，因为一切的果实，要至熟变之时方有香增故，名变异香。

又味差别共有六种，所谓苦酢甘辛咸淡，其相易知无劳别释。

又触亦复多种，所谓地水火风、滑性涩性轻性重性、软缓急冷、饥渴饱力劣闷痒粘病老死疲息勇，前之四种就是四大，这是身根所触的实体，后之二十二种但是身根所触的实体之上所有种种差别之相，不是离了四大种以外更有各各的实体。即如滑性是依大种的清净分位而有的相，涩性是依大种的不清净分位而有的相，轻性是依大种的不坚实的分位而有的相；重性是依大种的坚实的分位而有的相，软即是依大种不坚硬的分位而有的相；大种坚硬的分位就是地大实体偏增的相，所以不更对软立坚；缓急即是依大种所执持的分位而有二种不同的相；冷就是水大风大和杂而有的相，与冷相对的暖就是火大的自体，所以也不别立；饥渴饱力劣闷痒粘病老死疲息勇十三种都是依有情内身所有的触而立的。若是有情内身的四大平等，便有息力勇三种触相，息者安息，这是由于远离劳倦，四大平等而有的相；力者强力，这是由于营养无阙，四大平等而有的相；勇者无畏，心无怯惧，这是由于身心翘健而有的相。若是有情内身四大不平等，便有饥渴劣闷痒病老死疲九种的触相，饥渴劣都是由于阙乏营养不能任持而有的相，闷是由于饮食杂秽而有的相，痒是由于血有过患而有的相，病是由于大种变异错乱而有的相，老是由于大种历时变异而有的相，死是由于命根变异而有的相，这九种相都是由于四大种种不平等的缘故所生的。饱之一种或有四大平等或有四大不平等皆可有的，四大平等的饱就是由于饮食资多而有的相，四大不平等的饱就是由于气满不舒而有的相。粘即是地大水大和杂而有的相。以上所说二十二种触相都是依于四大种种的分位不同而安立的，所以但是假言说相，不是实有体法，其身根所触的实法还是四大罢了。

以上所说的色声香味触各各为自五识所缘的境，是不容搀越的，因为是由第八识的业种所生的缘故。业种是由意识分别现行的势力所击发而有的，既是以后便随第八识刹那刹那的变现出来了。能缘的五识又各各托之而变为自己的境，随这种种不同的相说名为色为声为香为味为触。然这五种又总名为色，都是所造色，能造此五种的就是四大，四大亦名能造色，这个总名的色字便不限于眼识所缘的境了。凡有质碍的法都名为色，唯除心心所及无为法是无质碍的，所以不名为色。四大的解释前已略说，然未辨析能造所造的意义，今且再说一下。四大就是地水火风，这是随俗立的名，是假四大，真四大就是坚湿暖动性，是为一切所造色所不能离的，因为地的坚性偏增，水的湿性偏增，火的暖性偏增，风的动性偏增，所以就假名为地水火风。其实吾人所见的地水火风之中，一一都是有坚湿暖动性的，又都是有色声香味触所造色可知的，何以独名为四大为能造色呢？所以地水火风唯是四大的假名，不是真四大，真四大是于所造色有特殊势力的，所以名为能造色。

甚么是四大的特殊势力呢？就是四大种能与一切所造色作五种的业用。这五种的业用，亦说名五因：一是生因，二是依因，三是立因，四是持因，五是养因。生因就是一切所造色初生之时都是以四大种为先导的，所以四大种是一切所造色的生因，离了四大种，一切所造色便不能生起了。依因就是一切所造色已生之时要四大种为彼依止的处所。凡所造色据有的方所，都是四大种据有的方所，这所造色无有势力能另据别处的，是与四大种不相舍离的，所以四大种是一切所造色的依因。立因就是一切所造色是随四大种而变异的，若四大种能为摄益，这所造色也是摄益有情的；若四大种能为损害，这所造色也是损害有情的。这摄益与损害，都是随四大种而建立的，所以四大种是一切所造色的立因。持因就是一切所造色相续而生，都是要由四大种能持的势力令不断绝、令不损减，所以四大种是一切所造色的持因。养因就是一切所造色的增长广大，都是要由四大种能长养他的缘故，所以四大种是一切所造色的养因。以上的五因是说四大与一切所造色的关系。能与增上说名为因；不是四大亲能生起所造色，说名为因。所以四大是与所造色常不相离的，又是相依而有的，依此意义说四大为能造，说色声香味触为所造，若有色声香味触的处所，一定是有四大的，若无四大的处所，一定便无色声香味触了。例如吾人所知的，随是何种的物体，皆有色声香味触相可得，便皆有四大的相可得。无论色声香味触的相有是坚凝的，有是虚疏的，然能任持一一自相的，便是地大的作用；能令自相摄敛不散的，便是水大的作用；能令自相变异成熟的，便是火大的作用；能令自相轻动生长的，便是风大的作用。所以四大是为一切所造色的起源，是于所造色有特殊势力的，这种四大名为真四大。（未完）

《唯识三十颂》诠句

论端

今解此颂，将发论端，略以四义，问答分别。一者，识义。二者，唯识义。三者，唯识教义。四者，立唯识义。

云何名识？了别义故，了别别境，名为识故。此复八种：一者眼识，二者耳识，三者鼻识，四者舌识，五者身识，六者意识，七末那识，八阿赖耶识。眼识者，依于眼根，了别青黄等色，名为眼识。耳识者，依于耳根，了别鼓贝等声，名为耳识。鼻识者，依于鼻根，了别好恶等香，名为鼻识。舌识者，依于舌根，了别苦酢等味，名为舌识。身识者，依于身根，了别轻重等触，名为身识。意识者，依于意根，了别色心等法，名为意识。末那识者，依阿赖耶，恒审思量，缘执为我，名末那识。梵云末那，此翻为意，思量义故。阿赖耶识者，依于末那，缘诸种子根身等境，名阿赖耶识。梵阿赖耶，此翻为藏，藏隐义故。此中根者，增长出生为义，与识为依，令识增长，顺生于识，故名为根。又识所取，说名为境。如眼缘色，名为色境。乃至意识所缘法，名为法境。境者，境界。若于彼法，此有功能，即说彼为此法境界。一一识体，各各有其取境功能。一一功能，各各有其分量齐限。如王势力，领国方域于自所辖，无有紊越故名为境。如是根境，依缘各别，与识和合，相资而转。如轮依轴，能行于地，有依有缘，义无阙少。今识亦尔。由是佛说十二处等，眼等六根名内六处，色等六境名外六处。处者，生长门义。显根与境为识所缘，皆与自识为增上力，生长门故。并六自识，为十八界。即前所说六根、六境并六识是。如次名为眼界耳界鼻界舌界身界意界，色界声界香界味界触界法界眼识界，耳识界鼻识界舌识界身识界意识界。末那赖耶意识界摄，更不别立故唯十八。此等道理，繁不具述。

云何唯识？唯有二义。一，决定义，表有内心，说唯有识。二，简别义，遮无外境，说唯有识。世间现见诸色等法体虽非无，然是识相，识若起时，相方显现，识若无者，相亦非有。由是故说诸色声等，不离识故，名为唯识。非彼全无，名为唯识，违现量故。又识取境，有总别相，识名心王，唯取总相。别有心所，兼取别相。为主助伴，理应尔故。如眼等识缘色等时，识唯了别青黄色等，是名总相。若更于彼青黄色等，分别生起领纳取像及造作等，是名别相。领纳彼者，是名为受。取彼像者，是名为想。造作彼者，是名为思。如是心所，一一繁多，随其所应，与心俱起。心若不起，所亦不生。由是故说诸心所法，系属心故，心相应故，名为唯识。非离心外无别心所，名为唯识，违比量故。又真如法，虽非识相，然识性故，名为唯识。非是相离，不名唯识，违圣教故。性相一异，不应说故。又其识体，略有八种，了别义同，故名唯识。非是体多，不名唯识，违正义故。用别体同，符邪宗故。今更略言前所说义，识性识相，皆不离心。心所心王，以识为主。归心泯相，总言唯识。

云何唯识教？教者，教示言音为体。言音所显，能令生解，故名为教。开示显了唯识道理，名唯识教。大悲世尊，初成佛已，说四谛教，次说般若，后于深密等会说一切法唯有识等，是为三时说教次第。如来在世，随机应说。机有三品不同，教遂三时亦异。前二时教，多密意说。唯后一时演了义教。此了义故，于不了义，实为明镜。如来灭后九百年时，弥勒菩萨降中天竺，说《瑜伽》等广释空性了义之教。次有无著菩萨，继于慈尊，广传此宗。造《摄大乘》及《显扬》等。其弟世亲更承著述，造《二十唯识》《三十唯识论》等。《三十唯识》，但造颂本，未为论释。次护法等十大菩萨爰引六经十一部论，采撮精要，各释十卷，名曰《成唯识论》。六经者何？所谓《华严》《深密》《如来出现功德庄严》《阿毗达磨》《楞伽》《厚严》。十一部论者，所谓《瑜伽》《显扬》《庄严》《集量》《摄论》《十地》《分别瑜伽》《观所缘缘》《二十唯识》《辨中边论》及《集论》等。如是六经如来所说，是唯识教起所依处。十一部论，菩萨所造，依法随学，理亦无倒。但惜此土，未尽传来。今从他录略表如次：

《华严经》，佛陀跋多罗译六十卷，实叉难陀译八十卷。

《解深密经》，玄奘译五卷。

《如来出现功德庄严经》，未来此土。

《大乘阿毗达磨经》，未来此土。

《楞伽经》，求那跋陀罗译四卷，菩提流支译十卷，实叉难陀译七卷。

《厚严经》，地婆伽罗译三卷（即《大乘密严经》）。

《瑜伽师地论》，弥勒菩萨说，玄奘译一百卷。

《显扬圣教论》，无著菩萨造，玄奘译二十卷。

《庄严论》，本颂弥勒菩萨说，释论世亲菩萨造，波罗颇多罗译十三卷。

《集量论》，陈那菩萨造，义净译四卷。

《摄大乘论》，本论无著菩萨造，释论世亲菩萨造十卷，无性菩萨造十卷，以上均玄奘译。

《十地经论》，世亲菩萨造，菩提流支译十二卷。

《分别瑜伽论》，弥勒菩萨说，未来此土。

《观所缘缘论》，陈那菩萨造，玄奘译一卷。

《二十唯识论》，世亲菩萨造，玄奘译一卷。

《辨中边论》，本颂弥勒菩萨说，释论世亲菩萨造，玄奘译三卷。

《阿毗达磨集论》，本论无著菩萨造，释论师子觉造，玄奘译十六卷。

我玄奘师历游天竺受学《瑜伽》。归国而后，盛弘此宗。译《成唯识论》，总糅一部，楷定真谬，为后学依。窥基法师亲承指授，纂叙幽旨，著为《述记》。次有淄州慧沼大师继于基师，著《了义灯》盛阐斯教。后有濮阳智周大师，禀于淄州，继传此宗，著《演秘》等。此唯识教及教与主大略如是。余不具详。

云何道理立唯识义？为显非有非空中道义故。诸有情类，无始执我沦没受苦，无救无依。故佛世尊，为除我执，说无有我但有法因，复由无始妄执实法，隐覆真理障圣智心，世尊为除彼法实执，密意总说一切皆空。又闻说空不知密意乃谓诸法性相都无，故我世尊显了解释诸法性相，有空不空。佛既灭已，诸圣弟子各随所乐，结集流通。大迦叶波与阿难等，最初结集声闻藏教，令小根者，依法修行。文殊师利与阿难陀，复别结集诸菩萨藏，令大根者依之习学。然诸有情，初闻小教，执法实有，斗争便兴。一味真诠，分成多部。有大菩萨名曰龙猛，佛灭度后第二百年，南印度境出兴于世。依般若等密意教门，广造《中观》《十二门》

等破初凡愚实有法执。同时即有提婆菩萨等诸大论师，助其扬化。所以无相大乘，此后盛行于世。诸有情类，念智渐减，依教修学不知密意，便拨诸法一切都无，于所修行任情放舍。又佛灭后九百年中，复有菩萨名曰无著，中印度境出兴于世。亲承慈尊《十七地》等，依《深密》等显了教门，广造《显扬》《摄大乘》等，具明诸法，除次空执。同时复有世亲菩萨等诸大论师。助其扬化。所以法相大乘，此后世广流布。教虽前后义旨不同，然由圣者任持大乘，犹未乖诤。至后像法初起，斗争便兴。千一百年，有清辨等出，不了《般若》等经、龙猛等宗密意教义，将为显了，造《般若灯》《掌珍论》等，破无著等。同时即有护法、亲光及安慧等，依《深密》等经无著等宗，造《广百论》《成唯识》等，破斥清辨。从此而后，唯识大彰。由是故知，如来及诸菩萨，于有情类，病多起有，故说法空；若空病生，说唯识有。唯遮境有，执有者丧其真。识简心空，滞空者乖其实。所以晦斯空有，长溺二边；悟彼有空，高履中道。是名安立唯识道理。

诠句

如是四义，已略分别。自下依颂，训诠名句自性差别。句显义圆，总名诠句。

【颂有三十，总科为三，谓相、性、位。前二十四颂，明唯识相。次之一颂，明唯识性。后之五颂，明唯识位。初中有二：一、标；二、释。其颂文曰：】

由假说我法

我，主宰义。谓如国主，有自在力；及如辅宰，有割断力故。法谓轨持。谓为轨范，可顺生解；及能任持，不舍自相故。世间、圣教，虽说我法，然由假说。世间我法，妄情执故；圣教我法，方便说故。

有种种相转

相谓相状。转是起义。世间、圣教所说我法，名义非一，种种相状，因之而起。

彼依识所变

彼谓我法相。识谓了别。变谓转变。诸我法相，皆依自识之所转变而起言说。此所转变，谓相见分。相、见是用，一识体生。似所缘现，说名相分；似能缘现，说名见分。依此二分，愚夫不了，执定我法；圣为方便，说似我法。故今标宗名为唯识。显离识外无我法故。

此能变唯三

此谓所变。所变是相，相必依体，故说能变。此能变体，略说唯三。唯有二义：一、简别义，遮执外境，显唯识故；二、决定义，广说识体，有其八种，略说识类，故唯有三，数决定故。三如下说。

谓异熟思量

一、谓异熟识，即第八识。名有多义：一、变异而熟，要由变异之时，果方熟故；二、异时而熟，与因异时，果方熟故；三、异类而熟，与因异性，果酬因故。

二、谓思量识，即第七识。思谓思虑，量谓量度，思量第八，计为我故。

及了别境识

三、谓了别境识，即前六识。了别别境，及粗显境，唯前六故。言及字者，有其二义：一、合集义，六识合名了境识故；二、相违义，显三能变，体各别故。即一及字贯通上下，谓应言异熟及思量，及了别境识。下一识字，通三能变，欲显文略而义广故。

【右一颂半，略释难以标宗。次二十二颂半，随所标而广释。广中有三：一、广三能变体；二、广依识所变；三、广由假说言。】

初阿赖耶识

梵阿赖耶，此翻为藏，有三义。一、能藏。二、所藏。谓与杂染互为缘故。如阿赖耶能持染种，种名所藏，赖耶名能藏。又杂染法熏依赖耶，染法名能藏，赖耶名所藏。三、执藏，有情执为自内我故。此中得名，正取执藏。

异熟一切种

异熟三义，如前已说。此中异熟名真异熟，总业果故，谓是能引诸界趣生善不善总业之异熟果故。一切种者，谓有漏无漏诸法种子皆是。此能持故，名一切种。

不可知执受

不可知者，通言执受及与处了。执受有二，谓诸种子及有根身。此二皆是识所执受。执是摄义、持义。摄为自体，持令不坏，同安危故。受是领义、觉义。领以为境，能生觉受故。如是义相，随应当说。

处了常与触　作意受想思

处谓处所，即器世间，是诸有情所依处故。了谓了别，即是行相，行于境相，名行相故。如是所说执受及处皆识所缘，了是能缘。总此三种，皆不可知，行相所缘皆难知故。

心所法中，有五心所，名曰遍行，一切心中皆可得故。一曰触，谓三和合分别变异，令心心所触境为性，受想思等所依为业。三和合者，谓根境识三法和合。触依彼生，令彼和合，亦名三和。三和合位，皆有顺生心所功能。以种生现，说名变异。触似彼起，故名分别。分别即是领似之异名也。二曰作意，谓能警心为性，于所缘境引心为业。三曰受，谓能领纳顺违俱非境相为性，起爱为业。四曰想，谓能于境取像为性，施设种种名言为业。五曰思，谓能令心造作为性，于善品等役心为业。此中性者，为自体性。业谓作用。阿赖耶识，常于此五心所相应，以是遍行心所摄故。

相应唯舍受

言相应者，有其四义：一、同在一世；二、同一所依；三、所缘相似；四、体各唯一。心心所法具此四义，方名相应。此相应言通触等五及与舍受。受有三种：一、苦受；二、乐受；三、舍受。取违境相，能生苦受。取顺境相，能生乐受。取中容境，能生舍受。与第八俱，唯是舍受，第八不能分别违顺境故。

是无覆无记

法有三性：一、善；二、不善；三、无记。无记又二：一、有覆无记；二、无覆无记。覆有二义；一、谓覆障；二、谓覆蔽。体唯染法，覆障圣道，令不得生，覆蔽内心令不能净，故名有覆。此识无染，故名无覆。记谓记别。体唯善恶，有爱非爱果，及殊胜自体可记别故。此非善恶，故名无记。

触等亦如是

触等五法，说亦如是，有六种义，例同心王。一、异熟；二、所缘行相，俱不可知；三、缘三种境；四、五法相应；五、无覆无记；六、阿罗汉位舍。义随所应，前后可例，故中间说“亦如是”言。

恒转如暴流

阿赖耶识无始时来，一类相续，常无间断，故说为恒。又无始来，念念生灭，前后变异，故说为转。恒言遮断，转表非常。如暴流水，前能引后，可名非常；后水续前，可名非断。喻此识性，无始时来，刹那刹那果生因灭。果生故非断，因灭故非常，非断非常是缘起理。唯第八识可有此喻。

阿罗汉位舍

阿罗汉者，此云正应。应者，契当之义。此复有三：一、应断烦恼；二、应受供；三、应不复受分段生死。具此三义，名阿罗汉。此通三乘无学果位及八地以上菩萨。皆已不复执藏为我，由斯永失阿赖耶名，故说为舍。

【右二颂半，广三能变中初能变体。】

次第二能变

能变有三，异熟为初，思量第二。次异熟后，应辨思量，即此第二能变识体。

是识名末那

识有八种，识是通名。末那是意，此是别名。

依彼转缘彼

依谓所依，彼谓即前初能变识。依彼识种，及彼现识，此方得转，故说彼识为此所依。转谓流转。显示此识恒依彼识取所缘故。缘彼者，彼谓即前此所依识。彼为所依，亦所缘故，然所依中，但缘见分。彼无始来，一类相续，似常一故。余相分等，此意不缘。

思量为性相

思谓思虑。量谓量度。已如前释。然思量名，亦通余识。今第七识，别名此者，恒审思量，胜余识故。此说恒言，简第六识，彼虽审思而非是恒，有间断故。此审思言，复简第八，第八虽恒，非审思故。恒审思量双简五识，彼非恒起、非审思故。性谓自性。相谓行相。此识行相，思量既胜，即以行相，名彼自性。一思量言，双显性相。

四烦恼常俱

此中俱言，显相应义。谓有漏位，此意任运恒缘藏识，与四根本烦恼相应。此常相应，扰浊内心，令外转识恒成杂染。有情由此生死轮回，故名烦恼。言根本者，简随烦恼。此为根本，能生彼故。四烦恼名，如下别列。

谓我痴我见

我痴者谓无明。愚于我相，违无我理，故名我痴。我见者谓我执。于非我法，妄计为我，故名我见。

并我慢我爱

我慢者谓倨傲。恃所执我，令心高举，故名我慢。我爱者谓我贪。于所执我，深生耽著，故名我爱。并，表慢爱有见慢俱，不同小乘，小乘不许慢爱并见慢故。

及余触等俱

俱，如前释。触等，谓触等五遍行心所。复言余者，谓八随烦恼，并别境慧。八随烦恼者，谓昏沉、掉举、不信、懈怠、放逸、失念、散乱、不正知。以诸染心，此定俱故。此之八法，及别境慧，义如后说。

有覆无记摄，此意相应四烦恼等，是染法故，障碍圣道，隐蔽自心，说名有覆。非善不善，故名无记。

随所生所系

系有二义。一、系属义，谓第八识，生彼欲界，现染末那相应心所，即欲界系乃至有顶，应知亦然。任运恒缘自地藏识，执为内我，非他地故。二、系缚义，谓为彼地诸烦恼等所系缚故。

阿罗汉灭定　出世道无有

阿罗汉者，总显三乘无学果位。此位染意种及现行，俱永断灭，故说无有。学位灭定、出世道中，俱暂伏灭，故说无有。一无有言，通上三位。出世道者，谓无漏道。言灭定者，即灭尽定。义如后说。

【右三颂，广次能变体。】

次第三能变

三能变中，已辨前二，次思量后，应辨了境，即此第三能变识相。

差别有六种

此识差别，总有六种，谓名眼识乃至意识，随根得名，种类异故。

了境为性相

了境、性相，皆如前释。此前六识，了别行粗，为简七八，别名为识。识虽通名，亦别名故。能了别境，名为识故。六识行相，既粗显胜，即以行相，名彼自性。一了境言，双显性相。

善不善俱非

顺益名善，违损名不善。然一一法，要令此他二世顺益，方名为善；或令此他二世违损，方名不善。由是道理，人天乐果，不名为善；恶趣苦果，不名不善。由彼果法，顺益违损，但于此世，非于他世，不具二故。言俱非者，谓无记法。非善不善，故名俱非。于善不善益损义中，不可记别，故名无记。此显六识皆通三性。

此心所遍行

此谓六识。心所有三义：一、恒依心起；二、与心相应；三、系属于心。具此三义，故名心所。此六转识，但与六位心所相应。六位心所，合五十一。六位者何？一、遍行位，有五心所，一切心中定可得故。

别境善烦恼

二、别境位，亦五心所，缘别别境而得生故。三、善位，此心位所有其十一，唯善心中可得生故。四、烦恼位，有六心所，性是根本烦恼摄故。

随烦恼不定

五、随烦恼位，此位心所总有二十，唯是烦恼等流性故。此言等流，谓是同类相引义也。六、不定位，有四心所，于善染等，皆不定故。

皆三受相应

三受之名，已如前说，今更义释。领顺境相，适悦身心，说名乐受。领违境相，逼迫身心，说名苦受。领中容境相，于身于心，非逼非悦，名不苦乐受。不苦乐受，即是舍受之异名也。言五受者，加喜忧受。今乐苦摄，故说三受。如是三受，此六转识，皆容相应，皆领顺违中容相故。

初遍行触等

于六位中，初遍行位，即触等五，已如前说。触等五法，心起必有，故是遍行。

次别境谓欲

又六位中，初遍行后，次说别境。境别有四：一、所乐境；二、决定境；三、曾习境；四、观察境。此位心所，随应别缘，故名别境。心所谓何？一者谓欲，于所乐境，希望为性，勤依为业；谓由善欲，能发正勤，说勤依故。

胜解念定慧

二者胜解，于决定境，印持为性，不可引转为业；谓无异缘，能为引转，令生疑惑故。三者谓念，于曾习境，令心明记不忘为性，定依为业；谓能引定说定依故。四者谓定，于所观境，令心专注不散为性，智依为业；谓能引智，说智依故。五者谓慧，于所观境，简择为性，断疑为业；此定慧中说所观境，即观察境。

所缘事不同

事谓境事，即前所说四别境事。此四境事，为欲等五差别所缘，故言不同。然多分说，非全不同，定慧同缘观察境故。

善谓信惭愧

善位心所有其十一。一者谓信，于实、德、能深忍乐欲，心净为性，对治不信，乐善为业。此中所说实、德、能三，是信依处。深忍乐欲，是信因果。心净为性，是信自体。云何依处实、德、能三？一、信实有，谓于诸法实事理中，深信忍故。二、信有德，谓于三宝真净德中，深信乐故。三、信有能，谓于一切世出世善深信有力，能得能成，起希望故。此中忍者，即谓胜解，忍可境故，此即信因。乐欲，谓欲观所乐境起希望故，此即信果。又信自体，言心净者，谓性澄清能净心等。唯信是能净，余皆所净故。二者谓惭，依自、法力，崇重贤善为性，对治无惭，止息恶行为业；谓于自身生自尊爱，名依自力；于增上法，生起乐欲，名依法力。如是力言，通人、法说。三者谓愧，依世间力，轻拒暴恶为性，对治无愧，止息恶行为业；谓于他人讥毁，敬慎避护及于恶法羞不造作，皆名依世间力。世间力言，通人、法说。

无贪等三根

四者无贪，于有、有具无著为性，对治贪著，作善为业。有谓三有，即三界是。以有生故，说名三有，此言其果。有具，即能取三有之因。五者无嗔，于苦、苦具，无恚为性，对治嗔恚，作善为业。苦谓三苦，即是苦苦、坏苦、行苦。苦受逼切，说名苦苦；乐受灭坏，说名坏苦；有漏诸行逼处生死，说名行苦。苦具，即彼能生三苦之因。六者无痴，于诸理事，明解为性，对治愚痴，作善为业。此中三法，以生善胜故名三根。

勤安不放逸

七者谓勤，此即精进，于善恶品修断事中，勇悍为性，对治懈怠，满善为业；谓于修善断恶事中，勇而无惰，悍而无惧，故言勇悍。八者谓安，此即轻安，远离粗重，调畅身心，堪任为性，对治昏沉，转依为业。离重名轻，调畅名安。言转依者，依谓所依，令所依身转去粗重，得安隐故。九不放逸，精进三根于所断修防修为性，对治放逸，成满一切世出世间善事为业。此中三根即无贪等。不放逸体，谓即精进及三善根约别功能名不放逸。云何别能？谓即精进三根，于所断恶防令不起，于所修善修令增长。此功能胜，名别功能，约此假立名不放逸。

行舍及不害

十者行舍，精进三根，令心平等、正直、无功用住为性，对治掉举，静住为业。言行舍者，谓行蕴舍，不同舍受。彼受蕴摄，为简彼故，此名行舍。此亦精进三根为体。平等正直无功用住，皆是舍相。然三位别。初位平等，离沉掉故。次位正直，远离加行故。后位无功用住，于染无性故。十一不害，于诸有情不为损恼，无嗔为性，能对治害，悲愍为业。此亦无体，即依无嗔名不害故。又言及字，总显十一善心所外，更有别义立种种名，今不复立，体无异故。

烦恼谓贪嗔

烦恼位中，有六心所。一者谓贪，于有、有具、染著为性，能障无贪，生苦为业。云何生苦？谓生苦果。苦果生时，爱能润故。二者谓嗔。于苦、苦具，憎恚为性，能障无嗔，不安隐性，恶行所依为业。云何不安隐性？谓嗔能令身心热恼故。云何恶行所依？恶行即恶业，谓嗔能起诸恶业故。

痴慢疑恶见

三者谓痴。于诸理事，迷暗为性，能障无痴，一切杂染所依为业。痴即无明，此复二种：一、迷理无明；二、迷事无明。由此无明，起疑、邪见、贪等烦恼、随烦恼等，故云一切杂染所依为业。四者谓慢，恃己于他，高举为性，能障不慢，生苦为业。云何生苦？谓若有慢，于德、有德，心不谦下，由此生死轮转无穷，受诸苦故。五者谓疑，于诸谛理，犹豫为性，能障不疑，善品为业。此能障言，通下善品，谓犹豫者，能障善品，令不生故。六者恶见，于诸谛理，颠倒推度，染慧为性，能障善见，招苦为业。云何招苦？谓恶见者，多生苦故。此见行相，差别有五：一、萨迦耶见，即我我所见；二、边执见，即断常见；三、邪见，即谤无因果等见；四、见取，即取著诸见，执为最胜等；五，戒禁取，即依诸见所受戒禁，执为最胜等。

随烦恼谓忿

随烦恼者，谓随根本烦恼而生，此位心所总有二十一种。谓忿，依对现前不饶益境，愤发为性，能障不忿，执仗为业。仗谓器仗，由忿为依，发此恶业故。

恨覆恼嫉悭

二者谓恨，由忿为先，怀恶不舍，结怨为性，能障不恨，热恼为业。此中言恨，由忿为先，生恼为业，显知三法，皆个别起，分位不同。三者谓覆，于自作罪，恐失利誉，隐藏为性，能障不覆，悔恼为业。罪谓过失，利谓财利，誉谓名誉，悔谓忧悔。恼谓扰恼。覆能令心不安隐故。四者谓恼，忿恨为先，追触暴热狠戾为性，能障不恼，蛆螫为业。追谓追先忿恨之境，触谓触现违缘之事。蛆螫，虫类，其尾有针，能致毒害，今恼亦尔，能害他故。五者谓嫉，殉自名利，不耐他荣，妒忌为性，能障不嫉，忧戚为业；谓怀嫉者，闻见他荣，深怀忧戚不安隐故。六者谓悭，耽著财法，不能惠舍，祕吝为性，能障不悭，鄙畜为业。鄙谓鄙恶，蓄谓蓄积。谓悭吝者，心多鄙恶，蓄积财物，不能舍故。

诳谄与害骄

七者谓诳，为获利誉，矫现有德，诡诈为性，能障不诳，邪命为业。矫谓不实之义，诡诈虚伪之称。邪命者，谓从贪生身语二业。此邪活命，别立邪命。八者谓谄，为罔他故，矫设异仪，险曲为性，能障不谄，教诲为业。罔谓欺罔，异仪，谓为种种别异方便。由是方便，欺罔于彼。此中能障通及教诲。由有此谄，为覆罪因，令不堪任师友教诲，说为障故。九者谓害，于诸有情，心无悲愍，损恼为性；能障不害，逼恼为业。十者谓骄，于自盛事，深生染著，醉傲为性，能障不骄，染依为业；谓骄醉者，生长一切杂染法故。

无惭及无愧

十一无惭，不顾自法，轻拒贤善为性，能障碍惭，生长恶行为业。自谓自身，法谓胜法。十二无愧，不顾世间，崇重暴恶为性，能障碍愧，生长恶行为业。此中世间，亦通人法，皆如前解。

掉举与昏沉

十三掉举，令心于境不寂静为性，能障行舍、奢摩他为业。梵奢摩他，此翻为止。前能障言，通至于此。十四昏沉，令心于境无堪任为性，能障轻安、毗钵舍那为业。毗钵舍那，此翻为观。言能障者，通障于此。

不信并懈怠

十五不信，于实、德、能不忍乐欲，心秽为性，能障净信，惰依为业。实、德、能三，如信中解。言心秽者，此性浑浊，复能浑浊余心等故。言惰依者，谓不信者多懈怠故。十六懈怠，于善恶品修断事中，懒惰为性，能障精进，增染为业。

放逸及失念

十七放逸，于染净品不能防修，纵荡为性，障不放逸，增恶损害所依为业；谓由有此，染不能防，令恶增故。净不能修，令善损故。十八失念，于诸所缘，不能明记为性，能障正念，散乱所依为业。

散乱不正知

十九散乱，于诸所缘，令心流荡为性，能障正定，恶慧所依为业。二十不正知，于所观境，谬解为性，能障正知，毁犯为业；谓不正知者，多起恶身语业，令多犯戒故。

不定谓悔眠

不定位中，心所有四。一者谓悔，悔谓恶作，恶所作业，追悔为性，障止为业。恶者嫌也，嫌恶所作，名为恶作。此是悔因，心嫌恶已，方追悔故。二者谓眠，眠谓睡眠，令身不自在，昧略为性，障观为业。昧谓暗昧，略谓轻略，不同余心所相明利故，亦沉重故。

寻伺二各二

三者谓寻，寻谓寻求，令心匆遽于意言境，粗转为性。匆谓匆迫，遽谓急遽。意言境者，意谓意识。说意言者，此有三解。一、从喻，即意识等能取境故，言说之言，与此相似故名意言。二、从境，言说为意之所取境，从言为名，但名意言。三、从果，谓由于意能起言等，故名意言，意所取境，名意言境。粗转为性者，谓此于境不深推度故。四者谓伺，伺谓伺察，令心匆遽于意言境，细转位性；谓此于境，深推度故。此寻伺二，俱以安不安住身心分位所依为业。身心前后，若或安住，若不安住，皆依寻伺而转变故。二各二者，初之二字，谓初悔眠及后寻伺合二而言，种类各别名之为二。如说悔眠唯欲界有。寻伺在欲及初静虑。即系界门，彼二种别。余门更多，恐繁不述。后之二字，谓此四法各复有二。即染不染。非如善染，唯一性故。名不定故。

依止根本识

根本识者，谓第八识。染净诸法，生根本故，前六转识依之而起。

五识随缘现

六转识中，意识别说，总言前五。此五随缘方能现起。缘谓作意、根、境等缘。如眼识，具九缘生：一、空；二、明；三、根；四、境；五、作意；六、根本第八；七、染净第七；八、分别俱六；九、能生种子。耳识，依八，除明。暗，亦闻声故。鼻舌身三，依七，复除空。以此三识，至境方取故。

或俱或不俱

谓五转识，内依本识，外随作意、五根、境等，众缘和合，方能现前。由此或俱，或不俱起。外缘合者，有顿渐故。

如涛波依水

以此涛波，喻于五识。水喻本识。如彼涛波，依水而起，或一或多，随缘不定。五识亦尔，依止本识，或有一生，或复多生，随缘现故。

意识常现起

第六意识，依五缘生，谓根、境、作意，及根本第八、能生种子。所藉缘少，一切时具。不如五识，要待多缘，缘有不具，多间断故。此除五位，常能现起。云何五位？如下文说。

除生无想天

一、无想天，谓于色界广果天中，别有高楼，生彼处所，六识皆灭，名无想天。由此外道，以想为生死之因，厌离生死，修无想定，故有此果。

及无心二定

二、无想定。三、灭尽定。此二定中，俱无六识，故名无心。前无想定，唯异生修。于此定中，非唯灭想。想灭为首，立无想名。后灭尽定，唯圣得起。于此定中，前六转识及染第七，一切皆灭，立灭尽名。此中无心，通后睡眠及闷绝位，非唯二定名无心故。

睡眠与闷绝

四者睡眠。然非心所。眠相沉重，与此相似，假说彼名。由是无心之所摄故。五者，闷绝。无心亦尔。此后二位，皆说极重。谓名极重睡眠及极重闷绝，能令六识不生起故。

【右九颂，广第三能变体。以上广三能变体讫。】

是诸识转变

是诸识者，谓前所说三能变识，及彼相应心所。皆能变似见相二分，立转变名。见相二分，是所转变。诸识自体，是能转变。此中正取识能变义。

分别所分别

所变见分，说名分别，能取相故。所变相分，名所分别，见所取故。此中正说识所变义。

由此彼皆无

由此正理，彼实我法，离识所变，皆定非有，故言皆无。离能所取，无别物故。非有实体，离二相故。

故一切唯识

谓一切法，皆不离识，名为唯识。唯言，为遮离识实物，非一切体即是一识名唯识故。

由一切种识

一切种者，谓第八识所持诸法种子。此生一切有为果故，名一切种。更言识者，显本识摄。识为种体，种为识用。今此中意，正显识种。

如是如是变

变谓转变。本识中种，由因缘生，更由余众缘合为助，即便如是如是转变。谓从生位，转至熟时，种有转易变熟相故。显变种多，重言如是。

以展转力故

谓八现识，及彼相应，相见分等，展转为缘，彼皆互有相助力故。

彼彼分别生

即现识等，总名分别，虚妄分别为自性故。分别类多，故言彼彼。初一切种，说种为因。次展转力，说现为缘。今分别生，说所生果。

由诸业习气

云何生死？由二习气。一、诸业习气。业，造作义，其体是思。此起身语，有所动作，故说名业。言诸业者，即诸有漏善不善业。此业现行，熏本识中，起自功能，即名习气，是业气分熏习成故。此显生死胜增上缘。

二取习气俱

二、二取习气。如执相分，实有所取，及执见分，实有能取，即是此中二取所摄。更有多解，此不繁述。此名习气，具有二义：一、所生义，谓二取习气，现所熏生故；二、能生义，谓二取习气，亲能生现故。

前异熟既尽

前异熟者，谓前前生业异熟果。前复有前，名曰前前。业力萎歇，故果有尽。

复生余异熟

余异熟者，谓后后生业异熟果。后更有后，名曰后后。前异熟果受用尽时，后别能生余异熟果。由斯生死，轮转无穷，非心外法，令生死续。以业、二取，不离唯识，为彼性故。

【右三颂，广依识所变。】

由彼彼遍计

周遍计度，故名遍计。依护法义，即是第六第七心品执我法者，是能遍计。识品虽二，而有众多遍计不同，故言彼彼。此显能遍计识。

遍计种种物

种种物者，随能遍计，所起诸相。然非无体，性是依他，遍计心等所缘缘故。此显所遍计境。

此遍计所执　自性无所有

若见相分，由熏习力因缘生者，亦依他起，如前已说所遍计是。依所遍计，妄执定实为有为无，亦有亦无，非有非无，为一为异等。此见相分，方名遍计所执。如是自性，都无所有，非缘生故。

依他起自性

众缘所生心心所体，及见相分，有漏无漏，皆依他起。依他众缘而得起故。

分别缘所生

此分别言，有其二义。一、唯染分名分别义。谓染依他，为分别缘之所生故。若净依他，不名分别，净分依他，亦圆成故。此说依他，唯染分故。二、通染净名分别义。谓诸染净心心所法，皆名分别，能缘虑故。是则一切染净依他，皆是此中依他起摄。

圆成实于彼

依二空门，所显真理，有其三义：一、圆满；二、成就；三、法实性。具此三义，名圆成实。为显真如，一者体遍，无处无故，即圆满义。二者体常，非生灭故，即成就义。三者体非虚谬，诸法真理，法实性故。言于彼者，彼谓依他，显圆成实与依他起，不即不离。依他是所于，真如是能于。非即一法，有所能于。亦非相离，可说于彼。故于彼言，显不即离。

常远离前性

前谓所执，三性之中，依他前说，故名为前。常远离言，显妄所执能所取性，理恒非有，彼既非有，此说远离。不同依他，性非无故，可说于彼。此远离言，已空所执，更言前者，简非依他，但空前故。性显真如是空之性，非即是空。若言是空，虽离有相，不离空相。故说性言，深为有用。有遮有表，二门皆具。

故此与依他　非异非不异

由前已说此圆成实与依他起，理非即离，今更说此二，非异非不异。何以故？若依他起，与此定异，真如应非彼之实性。若全不异，此真如性应是无常。然皆不许，故是非异非不异也。

如无常等性

无常等者，等无我等。如有说言，诸行无常，诸法无我。此中无常无我等性，与彼诸行诸法，应不说其异与不异。异，应彼法非无常等。不异，此应非彼共相。由斯喻显，此圆成实，与彼依他，非一非异。法与法性，理应尔故。

非不见此彼

见谓证见，无漏圣慧亲证知故。此一见言，通说此彼。应言非不证见此圆成实，而能见彼依他起相。未达遍计所执性空，不如实知依他有故。

即依此三性　立彼三无性

此三性者，即是此前所说遍计所执、依他起、圆成实性。三无性者，一、相无性。二、生无性。三、胜义无性。如后自解。今且总说，即依此前所说三性，立彼后说三种无性。如其次第，配立可知。

故佛密意说

由是道理，故佛密意说一切法皆无自性，非性全无。说密意言，显非了义。

一切法无性

谓后二性，虽体非无，而有愚夫，于彼增益，妄执实有我法自性，此即名为遍计所执。为除此执，故佛世尊，依彼三性有体无体，总密意说三种无性。此中一颂，先总解意。

初即相无性

谓依此初遍计所执，立相无性。由此体相，毕竟非有，如空华故。

次无自然性

依次依他，立生无性。此如幻事，托众缘生，无如妄执自然性故，假说无性，非性全无。

后由远离前　所执我法性

依后圆成实，立胜义无性。谓即胜义，由远离前遍计所执我法性故，假说无性，非性全无。如太虚空，虽遍众色，而是众色无性所显。今此亦尔，虽遍诸法，而是我法无性所显。此中一颂，别解三种无性。

【右五颂，广由假说言。以上明唯识相讫。】

此诸法胜义

唯识体相，已如前说。今更应说彼唯识性，此性即是诸法胜义，是一切法胜义谛故。诸法所摄，有其二谛。一、世俗谛。世谓覆障，可毁坏义；俗谓显现，随世流义。谛者，理也。二、胜义谛。此性真实，是最胜道所行义故，胜于一切世俗谛故。

亦即是真如　常如其性故

真谓真实，显非虚妄；如谓如常，表无变易。谓此真实，于一切法常如其性，故曰真如，即是湛然不虚妄义。亦言，显此复有多名。前名胜义，此名真如。更有多名，此不繁引。

即唯识实性

言唯识性，略有二种：一者虚妄，谓遍计所执；二者真实，谓圆成实性。为简虚妄，今说实性。复有二种：一者世俗，谓依他起；二者胜义，谓圆成实。为简世俗，今说实性。如是实性，不离唯识，故言即是唯识实性。

【右一颂，明唯识性讫。】

乃至未起识　求住唯识性

如前所说唯识相性，要渐修行，方能悟入。故下五颂，明所悟入，有其五位。一、资粮位。从发深固大菩提心，乃至未起顺抉择识，求住唯识真胜义性，齐此皆是资粮位摄，为趣无上正等菩提，修习种种胜资粮故。顺抉择名，如下位释。

于二取随眠　犹未能伏灭

二取习气，名彼随眠。随逐有情，眠伏藏识，故得此名。此位菩萨，于唯识义，虽深信解，而未能了能所取空。散心时多，定心时少。故于二取所引随眠，犹未有能伏灭功力，令彼不起二取现行。此二取言，非即二取。执实二取，名二取也。

现前立少物　谓是唯识性

二、加行位。于此位中有四加行，谓暖、顶、忍、世第一法。此四总名顺抉择分，顺趣真实抉择分故。抉择是智。抉简疑品，彼犹豫故。择简见品，彼不择故。疑品择而不决。见品决而不择，唯此智品名抉择分。在见道位，此无漏故，得真实名。今此位中，暖等四法，顺趣彼分，名顺抉择分。行相同彼故名为顺，欣求往彼故名为趣。立加行名者，以近见道故，即是见道之加行故。云何暖顶忍世第一法？依四寻思、四如实智初后位立。四寻思者，寻思名、义、自性、差别，假有实无。如实遍知此四，离识非有，识亦非有，名如实智。依明得定，发下寻思，观无所取，立为暖位。谓此位中，创观所取名等四法，皆自心变，假施设有，实不可得。初获慧日前行相故，立明得名。即此所获道火前相，故亦名暖。依明增定，发上寻思，观无所取，立为顶位。谓此位中，重观所取名等四法，皆自心变，假施设有。明相转盛，故名明增。寻思位极，故复名顶。依印顺定，发下如实智，于无所取决定印持，无能取中，亦顺乐忍。既无实境离能取识，宁有实识离所取境？所取能取相待立故。印顺忍时，总立为忍。印前顺后，立印顺名。忍境识空，故亦名忍。依无间定，发上如实智，立世第一法。谓前上忍，唯印能取空，今世第一法，二空双印。从此无间必入见道，故立无间名。异生法中，此最胜故，名世第一法。如是四法，空能所取，非无相故，未能证实。故说菩萨此四位中，犹于现前安立少物，谓是唯识真胜义性。

以有所得故　非实住唯识

以彼空有二相未除，带相观心，有所得故，非实安住真唯识理。彼相灭已，方实安住。

若时于所缘　智都无所得

三、通达位。加行无间，圣智生时，体会真如，名通达位。初照理故，亦名见道。若时菩萨于所缘境，无分别智都无所得，不取种种戏论相故。

尔时住唯识　离二取相故

尔时乃名实住唯识真胜义性，即证真如。智与真如，平等平等，俱离能取所取相故。能所取相俱是分别，有所得心戏论现故。

无得不思议

四、修习位。于此位中，为断余障证得转依，复数修习无分别智。此智远离所取能取，故说无得及不思议。或离戏论，名为无得。妙用难测，名不思议。

是出世间智

是出世间无分别智。断世间故，名出世间。二取随眠是世间本，唯此能断，独得出名。

舍二粗重故

二谓二障。一、烦恼障，障大涅槃；二、所知障，障大菩提。二障种子，立粗重名。性无堪任，违细轻故。今此位中，由数修习无分别智，令彼永灭，故说为舍。

便证得转依

此能舍彼二粗重故，便能证得广大转依。依谓所依，即依他起，与染净法为所依故。染谓虚妄，遍计所执。净谓真实，圆成实性。转谓二分转舍转得。由数修习无分别智，断本识中二障粗重。故能转舍依他起上遍计所执，及能转得依他起中圆成实性。由转烦恼得大涅槃，转所知障证无上觉。成立唯识，意为有情证得如斯二转依果。然今此位，说能证得，非已证得，因位摄故。

此即无漏界

五、究竟位。此究竟言，略有二义：一、简前四位名究竟；二、简二乘名究竟。二乘虽得菩提涅槃，非究竟义，非高胜故。此谓此前二转依果，即是究竟无漏界摄。诸漏永尽，非漏随增，性净圆明，故名无漏。界，是藏义。此中含容无边希有大功德故；或是因义，能生五乘世出世间利乐事故。

不思议善常

此转依果，又不思议，超过寻思言议道故，微妙甚深自内证故，非诸世间喻所喻故。此又是善，白法净故。清净法界，远离生灭极安隐故。四智心品，妙用无方，极巧便故。二种皆有顺益相故，违不善故，俱说为善。此又是常，无尽期故。清净法界，无生无灭，性无变易，故说为常。四智心品，所依常故，无断尽故，亦说为常。此中所说清净法界，即转依中大涅槃果。四智心品，即转依中大菩提果。言四智者：一、大圆镜智；二、平等性智；三、妙观察智；四、成所作智。此二解释，下皆准知。

安乐解脱身　大牟尼名法

此又安乐，无逼恼故。清净法界，众相寂静，故名安乐。四智心品，永离恼害，故名安乐。此二自性，皆无逼恼，及能安乐一切有情，故二转依，俱名安乐。二乘所得二转依果，唯永远离烦恼障缚。无殊胜法故，但名解脱身。大觉世尊，成就无上寂默法故，名大牟尼。此牟尼尊所得二果，永离二障，亦名法身，无量无边十力四无畏等大功德法所庄严故。体、依、聚义，总说名身。故此法身，清净法界、四智心品五法为性。非净法界独名法身。二转依果，皆此摄故。

【右五颂，明唯识位讫。】

十义量

序

此土说法必以音声，声必有名句，名句必有义，义必有正量，若具此者可名为法。或有唯声而无名句，如风林等声；或有名句而无有义，如咒术等名；或有有义而非正量，如违法相等义；如是等类，皆不名法。《唯识论》云：“法谓轨持。”轨谓轨范，可生物解；持谓任持，不舍自相。风林等声非能诠表，咒术等名诠非显了，违法相义不令他悟，不具二义故不名法。今为有情，于佛所说三乘相应法教训释言辞，善思善达，不为传闻无义无利相似言论，及自见取虚妄比度少分道理之所迷惑，略举十义以示方隅，依圣教量明了显示，令失没义今重开显。愿诸有情入圣教者转生净信，未入圣教不生谤毁。十义者何？一世间有情义，二佛教义，三真如义，四种姓义，五善巧义，六因缘业果义，七唯识义，八净土义，九成佛义，十立宗义。

此中次第为诸愚夫于所现见世间有情，种种计度不能决了，令心颠倒而起贪著，故最初说世间有情。

由颠倒故于正法教不欲乐闻，及贪著故于寂灭义妄生怖畏，譬如有人身婴热病，都不识别无病中相，谓病愈时举体随灭便生怖畏，我宁不脱如是热病，今此贪著当知亦尔。由是不能信入清净佛教，然佛大悲，不少以此而生厌倦，为度所化出世说法，或以三乘、或以人天，终令获得利益安乐，由是次初说佛教义。

佛所说教真如为本，然诸有情不信佛教，于真如法谤为无有；或有一类不具净信入佛教者执一切空即是真如，于所现见世间有情诸法皆拨为无，然实为诸世间有情之所系缚。譬如有人于己身中所生热病谓为无病，于此热病不能解脱，今此空执当知亦尔，由是不能正解真如，故次佛教说真如义。

真如道理微细甚深，有种姓者当能证得，若无种姓终不能证，不应说为心性本净，一切众生皆得成佛，故次真如说种姓义。

然有种姓但无漏因，若无善巧圣教为缘，毕竟不能生起现行，如种生芽，种但为因，若阙众缘芽终不生，种姓道理应知亦尔。又不应说凡尔诸法皆为善巧，非不相应而能令其出不善处，置善处故，如有多种自众缘合乃能生芽，非余众缘。种姓差别应知亦尔，故次种姓说善巧义。

如是善巧有其多种，为欲了知诸善巧故，应于佛说十因四缘三业五果种种微细甚深道理精勤简择。然不应滥外道异论之所宣说，彼但妄执引无义故，故次善巧说因缘业果义。

为欲圆满究竟解了因缘业果，应于中道了义唯识言教，多闻熏习如理抉择，以一切法不离识故，然不应执无色等法名为唯识，违现量故、违世间故，故次因缘业果说唯识义。

唯识性相即能抉择，乃知一切身土微细广大难可知义，如是亦知佛说净土方便密意，不随言觉执有执无。虽今现见如是世间、如是有情而不分别唯此无余，故次唯识说净土义。

如是净土皆佛最极自在净识为相，应知诸佛无量无边力无畏等大功德法庄严其身以为依止，非少修行可能圆证，不应具缚而妄希冀速疾成佛，起大我见及增上慢，故次净土说成佛义。

是谓前说九义次第，此既终已，为欲悟他应知比量证成道理，故于最后说立宗义，谓有因喻乃能决定成立破义，非无诚言及符顺他亦名宗故。如是十义世共传闻，今述圣教略依刊定正教量故，名十义量。

世间有情义第一

一切世间、一切有情云何起耶？为本无今有起耶？为本有为因起耶？若谓本无今有而起，本无无因，无因今有不应道理。若谓本有为因而起，本有为因，由因有耶，非因有耶？若由因有，因更须因堕无穷过；若非因有无因而有，同前所说不应道理。今昔诸师种种意解、别异意解、变异意解，互相违背共兴争论，总略其义不过如是所说二种：或计无因，或计有因，皆不应理。我佛法中则不如是，谓一切法有应思择不应思择。因果染净是应思择，断恶修善正方便故。世间有情不应思择，为妄计度引无义故。如《瑜伽论·第十六》云："思所成地自性清净，远离一切不思议处，审谛思惟所应思处。"云何一切不思议处？如下《六十四》云："当知略有六种不可思议：谓我思议、有情思议、世间思议、有情业果思议、诸修静虑静虑境界、诸佛世尊诸佛境界。"是为六种不可思议。如是世间、有情二种，既说不可思议所摄，若有于此妄自寻思、妄生论议，当知唯是遍计所起，于如实解终不能得。

复次，当知不可思议处，非说彼彼不可了知，但说非由思议而可了知。如是法性唯依法尔道理，应善决了，不应思议不可思议。云何法尔道理？十方三世世界无量，十方三世有情无量，十方三世有情烦恼亦无量。由诸烦恼无量故，一切有情法尔无量；由诸有情无量故，一切世界法尔亦无量。又复十方三世世界，略有欲、色、无色三种差别；十方三世有情，略有天、人、旁生、鬼、捺落迦五趣差别；十方三世有情烦恼，略有根本百二十八及彼等流诸随差别。由诸烦恼如是差别故，法尔能感如是五趣有情；由诸有情如是差别故，法尔能成如是三界依止。是谓世间有情生起法性法尔道理。

复次，当知世间有情生起之相，唯依烦恼相应有漏五蕴差别建立。云何五蕴？一者色蕴，内身外器依止相故；二者受蕴，领纳苦、乐、非二相故；三者想蕴，一切建立言说相故；四者行蕴，造作诸行法非法相故；五者识蕴，缘别别境了别相故。如是五蕴总摄一切有为法尽，若更异此施设建立，当知唯是名之差别，其义无异。云何依此建立世间有情？谓阿赖耶因缘力故，自体生时外变为器，色等相现说名世间，是诸有情资具受用往来等业所依处故，如是世间依色蕴立。言有情者体即本识，依识蕴立，或复烦恼业招纯大苦集，说名有情。如是有情内身外器有依止相，或苦或乐或非苦、乐，有领纳相，取种种像有言说相，法、非法行有造作相，缘别别境有了别相，如其次第即是前说色等五蕴，即依五蕴建立有情。如是总说离蕴体外无别世间有情可得。

世间有情唯是假名而无实体，唯假名故不可说彼从何因生，犹如龟毛非因生故。依蕴立故，体即是蕴，不可说彼无因而起，前前五蕴为后后因，后后五蕴续前前生故，由是有情相续生死及诸世间相续变易，道理可得。愚夫不了随假言说，执离蕴外实有世间有情，计有无因，皆不离过，已如前说。圣教不尔，唯依五蕴假说因生，不说无法，有无因起，是故无过。由如是理，当决定信诸佛如来成就明眼，于一切法善知善说，安立圣教以为定量。为令十方无量世界中无量烦恼、无量有情闻正法已，如理思惟善多修习，断烦恼缚超趣生死、离界地系。十方有情依此正法勤修行者皆能引得无分别智，能正对治一切烦恼，证真解脱，得大菩提。若异此者，无量烦恼穷未来际无断无尽，无量生死亦穷未来际无断无尽，流转法性，理必尔故；谓由无始世来惑业生死展转相续无有间断，从过去世烦恼为因及业为缘能生现在生死苦果，现在苦果既得生已，复能为缘生现在世苦果为依所起烦恼，由烦恼故更造新业。于今烦恼及彼新业相续有故，复生当来生死苦果，是谓流转法性道理。

佛教义第二

已辩世间有情，今次当说佛所说教。唯佛圣教济拔有情出世间故，诸佛出世由悲愿故，种种圣教善方便故。

云何佛教？谓诸如来言音所说，三藏所摄、三乘相应、十二分教。由此言音所化有情，未成熟者令其成熟，已成熟者缘此为境速得解脱。云何为藏？谓摄持义，摄持一切所应知义令不失故。何等为三？一素怛缆藏，二毗奈耶藏，三阿毗达磨藏。

梵素怛缆，此云契经，契者契当至合之义，所言经者贯穿为义，如《瑜伽论·第二十五》《显扬·第六》说，“谓佛世尊于彼方所，为彼有情，依彼所化诸行差别，宣说无量蕴相应语，乃至广说。结集法者摄聚圣语，为法久住，以美妙言次第结集贯穿缝缀，能引义利能引梵行，真善妙义，是名契经。”此中意显以教贯义、以教摄生，如綖贯花，如经持纬，众生由教摄，不散流恶趣；义理由教贯，不散失隐没，是故圣教名为契经。

梵毗奈耶，此云调伏，调者和御，伏者制灭，调和控御身语等业，制伏灭除诸恶行故，此中显示别解脱戒及别解脱相应之法是名调伏。

梵云阿毗达磨，达磨云法，阿毗四义：一云对法，此法对向无住涅槃，能说诸谛菩提分等诸妙行故；二云数法，于一一法数数宣说训释言辞自相等故；三云伏法，由此具足论处所等能伏胜他邪异论故；四云通法，此能释通契经义故。阿毗达磨亦名摩怛理迦，此云本母。《瑜伽·八十五》云："为欲抉择如来所说如来所称所赞所美先圣契经，譬如无本母字义不明了，如是本母所不摄经其义隐昧，义不明了，与此相违义即明了，是故说名摩怛理迦。"此中所说无本母字，谓无阿伊二字也，如是二字西方说是诸字母故，诸字若无此二字者即不明了。诸圣教中若无摩怛理迦建立诸法体相即不明了，若建立已即得明了，故取为喻。

又藏所摄或说二藏：一声闻藏，二菩萨藏。或说六藏，菩萨、声闻各有三故。此中皆不说有独觉藏者，以独觉藏少于声闻藏，从多为藏但名声闻藏；又复独觉更无别戒律等，故无三藏可分为九。

云何为乘？谓运度义，运度自他能往所到故。何等为三？一菩萨乘，二独觉乘，三声闻乘。菩萨乘者亦名大乘，因果大故、具运自他故，言菩萨者梵语应名菩提萨埵，此语略故但名菩萨，梵云菩提此翻为觉，梵云萨埵此翻有情。《无性释》云："菩提萨埵为所缘境故名菩萨，依弘誓语立菩萨乘。"此意说言有诸行者发大誓愿求大菩提、度有情类，以此二种为所缘境立菩萨名。所言乘者总有四法：一者教法，二者理法，三者行法，四者果法。教谓诠顺大乘三藏言教，理谓真如理，行谓六度等行，果谓究竟菩提及涅槃果。

独觉乘者，独觉有二：一者独觉，二者独胜；成独觉者名麟角喻，成独胜者名部行喻。初麟角喻，乐处孤林、乐独居住、乐甚深胜解、乐观察甚深缘起道理、乐安住极空无愿无相作意；次部行喻，不必一向乐处孤林、乐独居住，亦乐部众共相杂住故名部行，亦乐甚深胜解，广如前说如麟角喻。如是二种出无佛世，无师自能修三十七菩提分法，证法现观，或成独觉、或成独胜，永断一切烦恼，证得最上阿罗汉果，总此二种立独觉名。

声闻乘者，声谓音声，即佛说法所有音声，闻谓听闻，若修行者闻佛说法，信受精进而出三界名曰声闻。此所修证及与所断，得非广大，独觉亦尔，合名小乘。又彼独觉无多别教，初入自乘，亦多分依佛音声故，亦名声闻乘。如是二乘若别说者，十二缘起教理行果并独觉乘，四谛教理行果并声闻乘，是二差别。如是三乘诸经论中处处同说，或说五乘，前三如前，第四人乘，第五天乘。《善戒经》云："无种姓人无种姓故，唯以人天而成就之。"

云何十二分教？分者类义、支义、条义，教有十二义类支条，分段异故。何等十二？一者契经，二者应颂，三者记别，四者讽颂，五者自说，六者缘起，七者譬喻，八者本事，九者本生，十者方广，十一者希法，十二者论议。

一契经者释如前说，然有总别，总者即摄十二部尽，别者唯摄长行略说所应说义，与所余分相不同故，名之为别，如此中说。二应颂者即诸经中或中或后以颂重颂，即后更颂前长行义，或复不了义经应更颂释，长行虽说义犹未尽后更颂之。三记别者总有三义：一记弟子死生因果，二分明记深密之义，三记菩萨当成佛事。诸经论中总此三义名为记别。四讽颂者谓诸经中非长行直说，然以句结成，或以二句三句四句五句六句等说并为讽颂，若唯一句即不成颂，此与长行难可别故。五自说者谓于是中不显请者，为令当来正法久住、正教久住不请而说是名自说。六缘起者，具有三义：一因请而说，二因犯制戒，三因事说法，如是三种皆依因缘起言说故。七譬喻者谓诸经中有譬喻说，隐义明了，律论亦尔。八本事者谓除佛本生，宣说诸余一切前际之事名为本事。九本生者谓于是中宣说世尊在过去世，彼彼方分若生若死，行菩萨行、行难行行是名本生。十方广者方者正也，广者包也，若唯大乘即菩萨道不共佛法，二空理正，包福慧满名为方广，如《瑜伽》说。若兼小乘即说正法名之为方，亦可因果理正名之为方，说四谛理极真正故，广陈包含名之为广，如《涅槃》说。十一希法者谓说如来及诸弟子或在家者所有功德及希奇事，名为希法。十二论议者即前所说摩怛理迦，谓诸经典循环研核摩怛理迦，一切了义经皆名摩怛理迦，谓于是处世尊自广分别法相，又圣弟子已见谛迹，依自所证亦无倒分别诸法体性，此亦名为摩怛理迦。摩怛理迦亦名阿毗达磨，亦名论议，研究甚深素怛缆义，宣畅一切契经宗要故，如是一分具包佛及弟子所说，非同余分唯是佛说，以许弟子作对法藏、论议经故。

如是三藏所摄、三乘相应、十二分教差别名相既略释已，今于此中摩怛理迦应更广说，一切法义此为本母故。问：如前所说诸圣教中，若无摩怛理迦建立诸法体相，即不明了，若建立已即得明了。云何应知建立诸法体相耶？谓于是处诸佛如来以十一种相，决了分别显示诸法是名本母。何等名为十一种相？一者世俗相，此复三种：当知宣说补特伽罗故，宣说遍计所执自性故，宣说诸法作用事业故。二者胜义相，当知宣说七种真如故。三者菩提分法所缘相，当知宣说遍一切种所知事故。四者行相，当知宣说八行观故。五者自性相，谓若所说有行有缘所有能取菩提分法，谓念住等。六者彼果相，谓若世间若出世间诸烦恼断及所引发世出世间诸果功德。七者彼领受开示相，谓即于彼以解脱智而领受之及广为他宣说开示。八者彼障碍法相，谓即于修菩提分法能随障碍诸染污法。九者彼随顺法相，谓即于彼多所作法。十者彼过患相，当知即彼诸障碍法所有过失。十一者彼胜利相，当知即彼诸随顺法所有功德。

此中所说七真如者：一者流转真如，谓一切行无先后性；二者相真如，谓一切法补特伽罗无我性及法无我性；三者了别真如，谓一切行唯是识性；四者安立真如，谓诸苦谛；五者邪行真如，谓诸集谛；六者清净真如，谓诸灭谛；七者正行真如，谓诸道谛。复次此中八行观者，一者谛实故，二者安住故，三者过失故，四者功德故，五者理趣故，六者流转故，七者道理故，八者总别故。一谛实者谓诸法真如。二安住者谓或安立补特伽罗，或复安立诸法遍计所执自性，或复安立一向、分别、反问、置记，或复安立隐密显了记别差别。三过失者谓佛宣说诸杂染法有无量门差别过患。四功德者谓佛宣说诸清净法有无量门差别胜利。五理趣者当知六种：一真义理趣，二证得理趣，三教导理趣，四远离二边理趣，五不可思议理趣，六意趣理趣。六流转者所谓三世三有为相及四种缘。七道理者当知四种：一观待道理，二作用道理，三证成道理，四法尔道理。观待道理者谓若因若缘能生诸行及起随说，作用道理者谓若因若缘能得诸法或能成办、或复生已作诸业用，证成道理者谓若因若缘能令所立所说所标义得成立令得觉悟，法尔道理者谓如来出世若不出世法性安住法住法界。八总别者谓先总说一句法已后后诸句差别分别究竟显了。如是十一种相分别诸法，义善通达，义通达故善释契经、善知诸论、生正信解、起正加行、能证解脱及菩提果。

复次，诸佛言教总略而言有二应知：一者知法，二者知义。云何知法？由五种相了知于法，一者知名，二者知句，三者知文，四者知别，五者知总。云何为名？谓于一切染净法中所立自性，想假施设。云何为句？谓即于彼名聚集中能随宣说诸染净义，依持建立。云何为文？谓即彼二所依止字。云何于彼各别了知？谓由各别所缘作意。云何于彼总合了知？谓由总合所缘作意，如是一切总略为一，名为知法。

云何知义？由十种相了知于义：一者知尽所有性，二者知如所有性，三者知能取义，四者知所取义，五者知建立义，六者知受用义，七者知颠倒义，八者知无倒义，九者知杂染义，十者知清净义。尽所有性者，谓即杂染清净法中所有一切品别边际，是名此中尽所有性，如五数蕴、六数内处、六数外处如是一切。如所有性者，谓即一切染净法中所有真如。能取义者谓内五色处，若心意识及诸心法。所取义者诸外六处，又能取义亦所取义。建立义者谓器世界，于中可得建立一切诸有情界，谓一村田、若百村田、若千村田、若百千村田，或一大地至海边际，此百、此千、若此百千乃至广说。受用义者谓诸有情为受用故摄受资具。颠倒义者谓即于彼能取等义无常计常，想倒心倒见倒，苦计为乐、不净计净、无我计我，想倒心倒见倒。无倒义者与上相违，能对治彼，应知其相。杂染义者谓三界中三种杂染：一者烦恼杂染，二者业杂染，三者生杂染。清净义者谓即如是三种杂染，所谓离系菩提分法。如是十种当知普摄一切诸义，此前诸义皆如《解深密》说，今略引文，理繁不述。

复次，佛教广有十种所应知处，如《瑜伽论》具说其相。又说正教量者谓一切智所说言教，或随彼闻、或随彼法，此复三种：一不违圣言，二能治杂染，三不违法相。此中不违法相者谓翻违法相，当知即是不违法相，如彼广说一一应知。

如上所说诸处圣教若广若略既显示已，由是道理若有从他听闻、或随彼法希入佛教勤修行者，当自审知我从彼闻、或随彼法为佛说耶？为不尔耶？若是佛说，于三藏中何藏摄耶？于三乘中何乘相应耶？十二分教中为何分教耶？既审知已，应更寻求摩怛理迦十一相中为何相耶？乃至相一一中有多差别，为何差别耶？复次于应知中应自观察知法不耶？知义不耶？乃至于法义中知一一差别不耶？知十依处不耶？复次于正教量应具简择、不违圣言耶？能治杂染耶？不违法相耶？

具此三者即是正教，若不尔者即非正教。如是简择、如是观察、如是寻求、如是审知，能正听闻清净圣教，正听闻已能增长善根、能清净诸障、能多修胜解、能善积集福德智慧资粮，如是堪为佛教弟子，为佛菩萨忆念覆护，如子如弟，生亲善意。

若异此者义即相违，谓于如来善说善制法毗奈耶最极清净意乐所说善教法中，诸有情类不解、邪解种种迷谬，差别可得。如有有情听闻正法住自见取，于如是法虽生信解，然于其义随言执著，不善解了，彼虽于法起于法想而非义中起于义想，由彼于法起法想故及非义中起义想故，于是法中持为是法，于非义中持为是义。彼虽于法起信解故，福德增长，然于非义起执著故退失智慧，智慧退故，退失广大无量善法。复有有情从他听闻，谓法为法非义为义，若随其见，彼即于法起于法想，于非义中起于义想，执法为法非义为义，由此因缘，当知同彼退失善法。若有有情住自寻思及邪慢者造立众多像似正法，或复诽拨诸佛言词虚妄推求邪法邪义，于非法中宣说是法，于非义中宣说是义，当知是起广大业障方便，由彼陷堕无量众生令其获得大业障故。若有有情从彼听闻，随其恶见，于非法中起于法想，于非义中起于义想，于非法中执为是法，于非义中执为是义，由此因缘当知同彼获大衰损触大业障。

复次，有诸有情于圣教中闻佛自说”我成佛来不说一字”，汝亦不闻，遂谓如来实不说法。当知此依别义作如是言，实非如来绝无言说，何以故？一依诸佛自性法身故云不说，法身如来无言说故。二依诸佛自受用身故云不说，唯佛所知非于境故。三约诸佛所说无异故云不说，佛不说异诸佛法故。四佛不说堕文字法故云不说，佛知诸法离文字故。五约圆成真如之理故云不说，真如理中无言说故。六约依他缘生之法故云不说，缘生虚幻非实说故。七约遍计所执自性故云不说，妄情计度性都无故。八佛所说非闻者识亲所缘缘故云不说，亲所闻者自所变故。以此八门释佛经中不说法言，摄义皆尽，若实不说，何以如来教传法者经首皆置“我闻”等言，故不可云佛无说法。

复次，有诸有情依诸如来隐密言教，取少分义，虚妄计度执为最胜、能得清净。当知如是隐密言教，于出要道，义不明了，菩萨不应作所依止。如《瑜伽论·四十五》云：“云何菩萨修正四依，乃至广说？又诸菩萨于如来所深殖正信、深殖清静，一向澄清。唯依如来了义经典非不了义，了义经典为所依故，于佛所说法毗奈耶不可引夺。何以故？以佛所说不了义经依种种门辩本性义犹未决定，尚生疑惑，非了义故。若诸菩萨于了义经不决定者，于佛所说法毗奈耶犹可引夺。”又《解深密》胜义生菩萨白佛言：“世尊在昔第二时中唯为发趣修大乘者，以隐密相转正法轮，虽更甚奇犹未了义，是诸诤论安足处所。世尊于今第三时中，普为发趣一切乘者以显了相转正法轮，第一甚奇最为希有，无上无容是真了义，非诸诤论安足处所。”由是教理，诸有智者不应依止隐密言教，执为最胜生自迷惑。

复次，有诸有情于诸佛教及外道义不审简择，不正归依，当知三乘、三藏、十二分教皆为三种理法所印，以三种印印定诸法，能令永舍惑业苦故，是可归依。云何三种：一诸行无常，二诸法无我，三涅槃寂静。诸外道教非三印印，不能永舍三有行故，非可归依。如《涅槃》云："一切外道所可言说悉皆妄语，是诸外道痴如小儿，不能了达常无常等。"于佛法中取少分义，虚妄计有常无常等，而实不知常无常等，是故外道不可归依，佛法不尔，如《瑜伽论·六十四》云，问：归依有几？何缘但有尔所归依？答：归依有三，谓佛法僧。四缘故有尔所归依：一由如来性调善故，二于一切种所调能调善方便故，三具大悲故，四以一切财而兴供养，未将为喜，正行供养方欢喜故。由佛如是，其佛所说法毗奈耶亦可归依，非余天等。

真如义第三

已辩佛教，今次当说真如法性，佛教究竟真如为本故。

云何真如？谓空无我所显法性，有无俱非，心言路绝，与一切法非一异等，理非妄倒，故名真如。真以简妄，如以别倒，此中如者显如实义。复次，真者真实显非虚妄，如者如常表无变异，谓此真实于一切位常如其性，故曰真如。即是湛然不虚妄义，于佛法中此最无上，第一希有，谓是不共世间外道之所知故，三乘圣果依此差别而差别故，又此为缘能生出世无漏智故。然极微细极难了知，极微细故诸佛世尊现正等觉，以无量门显现开解、施设照了；极难了故一切异生于佛所说如是微细甚深境界，寻思比度终不能达。

云何空无我所显法性耶？谓观空者，空有二种：一者生空，二者法空。生空者谓补特伽罗无我性，法空者谓法无我性，如是补特伽罗及法二种空无自性名空无我。空无我故能证微细甚深离一切相真如境界，是故真如说为空无我所显法性。世间外道于一切时执实有我、执实有法，执实有故不解观空，不观空故法性不显，由是不能信解佛说真如。如《解深密》世尊告法涌菩萨曰："法涌当知，譬如有人尽其寿量，习辛苦味，于蜜石蜜上妙美味，不能寻思、不能比度、不能信解；或于长夜由欲贪胜解，诸欲炽火所烧然故，于内除灭一切色声香味触相，妙远离乐，不能寻思、不能比度、不能信解；或于长夜由言说胜解，乐着世间绮言说故，于内寂静圣默然乐，不能寻思、不能比度、不能信解；或于长夜由见闻觉知表示胜解，乐着世间诸表示故，于永除断一切表示，萨迦耶灭究竟涅槃不能寻思、不能比度、不能信解。”由是譬喻，由是道理，世间外道于其长夜增长二执，于空无我所显真如不能寻思、不能比度、不能信解，当知亦尔。

以何道理应定信有真如法性？谓一切法略有二种：一者有为，二者无为，真如法性无为所摄，余一切法有为所摄。如是若不信有真如法者，应说何法无为摄耶？若复不许有无为者，应更问彼一切法中为有寂静法相不耶？若言有者，有寂静相非有为摄，不许无为不应道理；若言无者，有为已灭及未生时无寂静相，不应道理。由是当知于其一切有为法中，未生已灭应有所显寂静自性可得。如是比知于有为法现正生时，彼虽不显，应亦定有寂静自性。譬如虚空无有翳障，其性清净，有翳障时清净不显，然不应说无清净性。真如亦尔，本来寂静，自性涅槃，遍一切位遍一切法，唯是一味无有变易。我法未空，彼虽不显，然不应说无寂静性、无涅槃性。由是譬喻，由是道理，于佛所说真如法性应决定信，不生诽谤。

云何有无俱非、心言路绝耶？谓真如性离有、离无、离俱有无、离俱非有无，心行处灭，言语道断。如有有情闻佛所说诸行无常是有为相，住无变异是无为相，有为、无为二差别故，便随言执离有为体有实无为是真如法，如是所执不离有过。复有有情闻佛所说一切诸法皆无自性，无生无灭，本来寂静，自性涅槃，便随言执拨一切相皆是无相，无真如体，如是所执不离无过。若有有情为避前过，或闻佛说一切法无二，便随言执谓真如体亦有亦无，或非有无，法无二故，如是所执有过同前，何以故？亦有非无，同前有过；亦无非有，同前无过故。若谓有无、或非有无，不别说者当知唯是假说而无实义，不见一法或俱有无、或俱非有无故。若尔，真如应成虚幻，非实有法。由此圣教为遮如是种种异执，故于真如作别别说，遮执为有故说为空，非言为空而体即空，体实非空、非不空故；遮拨为无，故说为有，体实非有、非不有故。遮谓虚幻，故说为实。然体非实、非不实故，当知此中说空说有、及说非空非不空，非有非不有乃至说实及说非实非不实者，但为遮遣言词随觉，不同前执有实诠表，是故无过。由是道理诸有智者于前异执应遣远离，于圣言辞应善通达，乃能于真如性离有、离无、离俱有无、离俱非有无，如是微细秘密之义思惟解了。

言心行处灭者此显真如超过一切寻思境相，如《解深密》世尊告法涌菩萨曰："我说胜义是诸圣者内自所证，寻思所行是诸异生展转所证，是故法涌，由此道理，当知胜义超过一切寻思境相。法涌，我说胜义无相所行，寻思但行有相境界，是故法涌，由此道理，当知胜义超过一切寻思境相。法涌，我说胜义不可言说，寻思但行言说境界，是故法涌，由此道理，当知胜义超过一切寻思境相。法涌，我说胜义绝诸表示，寻思但行表示境界，是故法涌由此道理，当知胜义超过一切寻思境相。法涌，我说胜义绝诸诤论，寻思但行诤论境界，是故法涌，由此道理，当知胜义超过一切寻思境相。乃至广说。"此中胜义谓即真如，但是真如差别名故，是谓真如超过一切寻思境相。

言言语道断者此显真如离言法性。如《解深密》，解甚深义密意菩萨谓如理请问菩萨曰："一切法者略有二种，所谓有为、无为。是中有为非有为、非无为，无为亦非无为、非有为。言有为者乃是本师假施设句，若是本师假施设句即是遍计所集言辞所说，若是遍计所集言辞所说即是究竟种种遍计言辞所说，不成实故，非是有为，若言无为亦堕言辞，设离有为无为少有所说其相亦尔，然非无事而有所说。何等为事？谓诸圣者以圣智圣见离名言故，现正等觉，即于如是离言法性为欲令他现等觉故，假立名相谓之有为。言无为者亦是本师假施设句，若是本师假施设句，即是遍计所集言辞所说，若是遍计所集言辞所说，即是究竟种种遍计言辞所说，不成实故，非是无为，若言有为亦堕言辞。设离无为有为少有所说其相亦尔，然非无事而有所说。何等为事？谓诸圣者以圣智圣见离名言故，现正等觉，即于如是离言法性为欲令他现等觉故，假立名相谓之无为，乃至广说。"此中无为谓即真如，无为无相，无生灭故，是谓真如离言法性。然有有情是愚夫类闻说真如离言法性及说真如超过一切寻思境相，便随言执，不立言论，不起寻思，不闻三藏、三乘、十二分教，不修三十七菩提分法，谓彼经典皆堕言辞，谓彼行法皆为慢缓，我今一向降伏自心，不须经典及彼行法，速疾能证阿耨多罗三藐三菩提，如是所执，虚自计度，谓能离言而实不离。何以故？闻说离言起离言执，还堕假立名言中故。

复次，当知于一切法皆有离言法性可得，不应执唯真如自性。又虽真如遍一切法，然非离言法性无有差别，谓如前说有为无为皆别说有离言法性，由彼离言法性有差别故，乃可假立有为、无为名相。若不尔者，离言法性既无差别由何而说差别名相，若说离言法性虽一，而可建立种种差别者，是别有为无为，其体无异，然不应许。有为无为相违法故，其相异故。如是离言法性道理于诸处中诚证非一，如《瑜伽论·真实义品》广说应知，然文难解今略引释。

《论》云：“以何道理，应知诸法离言自性，谓一切法假立自相，或说为色或说为受，如前广说乃至涅槃。当知一切唯假建立，非有自性亦非离彼别有自性，是言所行、是言境界。如是诸法非有自性，如言所说，亦非一切都无所有，如是非有亦非一切都无所有。云何而有？谓离增益实无妄执及离损减实有妄执，如是而有即是诸法胜义自性，当知唯是无分别智所行境界。”此中所显假言说相，有其二种：一者有，二者非有。云何为有？谓说为色或说为受，乃至广说谓为涅槃，如是等类是诸世间共了诸法假说自性是名为有。言非有者，谓说诸色假说自性乃至涅槃假说自性，无所依事无所依相，都无所有是名非有。当知所说一切有者唯假建立，非即如言而有自性，亦非离彼色等法事别有自性，是言所行是言境界。何以故？能诠所诠非即离故，若言即者，应说火时火烧于口，然彼不尔；若言离者，应召火时而得于水，然彼不尔。如说为有，非有自性，如是诸法非有自性，若如言说亦非一切都无所有。有既如是，非有亦尔。亦非一切都无所有。说有非有，皆不称体，理随所应而遮遣故。如是已说有及非有假立自相。次更应知有非有中所有诸法离言自性，如是自性云何而有？谓离增益实无妄执及离损减实有妄执，如是而有即是诸法胜义自性，当知唯是无分别智所行境界。云何增益实无妄执及损减实有妄执耶？谓有二种人于佛所说法毗奈耶俱为失坏，一者于色等法、于色等事谓有假说自性自相，于实无事起增益执，是谓增益实无妄执；二者于假说相处，于假说相依，离言自性胜义法性，谓一切种都无所有，于实有事起损减执，是谓损减实有妄执。前增益执由说有起，后损减执由非有起，如理应知。

彼《论》又云："若于诸法诸事随起言说，即于彼法彼事有自性者，如是一法一事应有众多自性。何以故？以于一法一事制立众多假说而诠表故，亦非众多假说诠表，决定可得。谓随一假说于彼法彼事，有体有分有其自性，非余假说。是故一切假说若具不具，于一切法于一切事皆非有体有分有其自性。"此中更破所执有二差别：一于彼法彼事有自性执，二于彼法彼事有体有分有自性执。初且非理，所以者何？一法一事应不说有众多自性，若随言说有自性者，一法一事立有多名，体便应多。次亦非理，所以者何？一法一事虽有体分，然不应说一一多名于彼体分有其自性，若随一名有体自性，既尔，便应非分自性，或所余名有分自性，既尔，便应非体自性，乃至一一分差别中，若随一名有其自性，应非所余更有自性。由是众多差别假说，于彼法事亦非诠表决定可得。

彼《论》又云："又如前说色等诸法，若随假说有自性者，要先有事，然后随欲制立假说。先未制立彼假说时，彼法彼事，应无自性。若无自性，无事制立假说诠表，不应道理。假说诠表既无所有，彼法彼事，随其假说而有自性，不应道理。又若诸色未立假说诠表已前，先有色性，后依色性，制立假说摄取色者，是则离色假说诠表，于色想法，于色想事，应起色觉，而实不起。由此因缘，由此道理，当知诸法离言自性，如说其色，如是受等，如前所说乃至涅槃，应知亦尔。"此中更显诸法诸事随言执著，复有多种不应道理。谓如前说色受乃至涅槃等法，若随假说有自性者，不应道理。所以者何？要先有事为假说依，然后随欲制立假说，若不尔者，先未制立彼假说时，彼法彼事应无自性，若无自性无所依事，而许制立假说诠表，不应道理。若许假说诠表，既无所有而复说言彼法彼事，随其假说而有自性，不应道理。又若说言诸色未立假说诠表以前，先有色性，后依色性制立假说摄取色者，亦不应理。所以者何？未立假说诠表以前，于色想法、于色想事，虽现证知不起随觉谓之为色，待诠表已方起色觉。若如所说先有色性，是则离色假说诠表，于色想法，于色想事应起色觉，而实不起，故不应理。

余文易知，不劳更释。由前教理，知一切法皆有离言法性，诸法自性，皆不可说，不应执此谓是真如自性。问：若如是者，何因缘故，于一切法离言自性而起言说？答：若不起言说，则不能为他说一切法离言自性，他亦不能闻如是义，若无有闻则不能知此一切法离言自性。为欲令他闻知诸法离言自性，是故于此离言自性而起言说。

云何与一切法非一异耶？谓一切法略有二谛：一世俗谛，二胜义谛。一切行相世俗谛摄，真如法性胜义谛摄。然不应说胜义谛相与诸行相都无有异，亦不应说胜义谛相与诸行相一向定异，如《解深密》广说其相，“谓若胜义谛相与诸行相都无异者，应于今时一切异生皆已见谛，又诸异生皆应已得无上方便安隐涅槃，或应已证阿耨多罗三藐三菩提，然彼不尔，是故胜义谛相与诸行相都无异相不应道理。若胜义谛相与诸行相一向异者，已见谛者于诸行相应不除遣，不除遣故应于相缚及粗重缚不得解脱。由于二缚不解脱故，已见谛者应不能得无上方便安隐涅槃，或不应证阿耨多罗三藐三菩提，然彼不尔，是故胜义谛相与诸行相一向异相不应道理。复次，若胜义谛相与诸行相都无异者，如诸行相堕杂染相，此胜义谛亦应如是堕杂染相，然不如是，是故胜义谛相与诸行相都无异相不应道理。若胜义谛相与诸行相一向异者应非一切行相共相，名胜义谛相，然不如是，是故胜义谛相与诸行相一向异相不应道理。复次，若胜义谛相与诸行相都无异者，如胜义谛相于诸行相无有差别，一切行相亦应如是无有差别，修观行者于诸行中如其所见、如其所闻、如其所觉、如其所知，不应后时更求胜义。然皆不尔，是故胜义谛相与诸行相都无异相不应道理。"若胜义谛相与诸行相一向异者，应非诸行唯无我性，唯无自性之所显现是胜义相，又应俱时别相成立谓杂染相及清净相，然皆不尔，是故胜义谛相与诸行相一向异相不应道理。如螺贝上鲜白色性，不易施设与彼螺贝一相异相，如螺贝上鲜白色性，金上黄色亦复如是；如箜篌声上美妙曲性，不易施设与箜篌声一相异相；如黑沉香有妙香性，不易施设与彼黑沉一相异相；如胡椒上辛猛利性，不易施设与彼胡椒一相异相；如胡椒上辛猛利性，诃梨涩性亦复如是；如蠹罗绵上有柔软性，不易施设与蠹罗绵一相异相；如熟酥上所有醍醐，不易施设与彼熟酥一相异相。又如一切行上无常性、一切有漏法上苦性、一切法上补特伽罗无我性不易施设与彼行等一相异相；又如贪上不寂静相及杂染相不易施设此与彼贪一相异相，如于贪上、于嗔、痴上当知亦尔。"由是道理，胜义谛相不可施设与诸行相一相异相，如此中说非一异相，当知非即离等，其相亦尔。

如是略说真如相已，应知要勤修习空行乃能通达真如实相，何以故？修空行故远离诸见，远离诸见故修行正道，修行正道故，便能如实通达真如。当知此中远离诸见谓即遣除诸见所有诸相，譬如有人于眠梦中，自见其身为大暴流之所漂溺，为欲越渡如是暴流，发大精进，即由发起大精进故，欻然便觉，既得觉已，于彼暴流都无所见，除相道理当知亦尔，如《解深密》，“慈氏菩萨白佛言，世尊！修奢摩他毘钵舍那诸菩萨众，由何作意何等云何除遣诸相？佛告慈氏菩萨曰，善男子！由真如作意除遣法相及与义相，若于其名及名自性无所得时，亦不观彼所依之相，如是除遣，如于其名于句于文，于一切义当知亦尔，乃至于界及界自性无所得时，亦不观彼所依之相，如是除遣。世尊！诸所了知真如义相，此真如相亦可遣不？善男子！于所了知真如义中都无有相，亦无所得，当何所遣。善男子！我说了知真如义时能伏一切法义之相，非此了达余所能伏。”此中真如作意者谓无相心，除遣法相及与义相者，法谓能诠，义谓所诠，此即显示真如作意除遣遍计所执之相。若于名等无所得时，亦不观彼所依相者，谓于所执名及自性无所得时，亦不观彼所执所依依他起相。《七十四》说，遍计所执以依他起相名分别，为所依故。《对法·十四》六种知境中，说所执性名为迷乱，依他即是迷乱所依，故知依他名所依相。所言界者谓五种界：一者器世界，二者有情世界，三者法界，四者所调伏界，五者所调伏方便界。又彼经云：世尊，如是了知诸法，菩萨为遣诸相勤修加行，有几种相难可除遣，谁能除遣？世尊谓以十八空别除十相一一如彼经中广说。

然有有情闻如是义便起妄执，作如是言：空即真如，谓一切法皆无所有，此不应理，如《涅槃经·第二十六》，“高贵德王菩萨问佛言，一切诸法性自空耶？修空故空耶？若性自空，不应修空然后见空，云何佛言以修空故而见空也？若性不空，云何修空而见于空。世尊解云：善男子，如盐性咸能咸异物，石蜜性甘能甘异物等，菩萨修空亦复如是。以修空故见一切法，性皆空寂。高贵德王复云：若盐能令非咸作咸，修空三昧若如是者，当知是定非善非妙，其性颠倒。若空三昧唯见空者，空是无法，为何所见？佛言：善男子！贪是有情非是空性，贪若是空，众生不应以是因缘堕于地狱。又善男子！色性是有，所谓颠倒，以颠倒故，众生生贪。若是色性非颠倒者，云何能令众生生贪，以生贪故当知色性非不是有，以是义故，修空三昧非颠倒也。”此解意云：贪等染心，性不是无，色等诸境亦是幻有，然由有情执境执心，遂生贪等颠倒烦恼，于能、所取，由观空故，依空证理，能断颠倒，故空三昧非颠倒也。故此下云：“善男子！一切凡夫若见女人即生女相，菩萨不尔，修空三昧，虽见女人不生女相，以不生相，贪则不生，贪不生故，非颠倒也。”又彼经《第三十八》，“迦叶问言：世尊！智者观食作不净相，为是实观虚解观耶？若是实观，所观之食实非不净，作不净解如何名实？若是虚解应是颠倒，何明善相？佛言，善男子！如是相者亦是实观，亦是虚解，能除贪食故名为实，非虫见虫故名虚解，观诸法空类亦如是。法虽不空，由观空故能障于倒，明正观也。如是空义应善解了，若于实事起损减执，说一切空，是则名为坏诸法者。”

如《瑜伽论·三十六》云：“如有一类，闻说难解大乘相应、空性相应，未极显了密意趣义甚深经典，不能如实解所说义，起不如理虚妄分别，由不巧便所引寻思，起如是见、立如是论：一切唯假是为真实。若作是说名为正观，彼于虚假所依处所实有唯是，拨为非有，是则一切虚假皆无，何当得有一切唯假是为真实。由此道理，彼于真实及以虚假二种俱谤都无所有，由谤真实及虚假故，当知是名最极无者。如是无者，一切有智同梵行者不应共语、不应共住，如是无者，能自败坏、亦坏世间随彼见者。世尊依彼密意说言，宁如一类起我见者，不如一类恶取空者，何以故？起我见者唯于所知境界迷惑，不谤一切所知境界，不由此因堕诸恶趣，于他求法求苦解脱，不为虚诳不作稽留，于法于谛亦能建立，于诸学处不生慢缓。恶取空者亦于所知境界迷惑，亦谤一切所知境界，由此因故堕诸恶趣，于他求法求苦解脱，能为虚诳亦作稽留，于法于谛不能建立，于诸学处极生慢缓。如是损减实有事者，于佛所说法毗奈耶甚为失坏。”此中云何名为恶取空耶？不善取空名恶取空，谓彼不解何处、何者、何故名空，唯说一切都无所有，是故名为恶取空者。

种性义第四

已辩真如，今次当说种性有无。若有种性补特伽罗，乃能修习真如作意，及能通达真如境故，非无种姓。

云何种姓？依《瑜伽》等差别有五：一菩萨种性，二独觉种姓，三声闻种姓，四不定种姓，五无种姓。菩萨种姓者谓于能证无上正等菩提，有堪任性故。独觉种姓者谓于能证独觉菩提，有堪任性故。声闻种姓者谓于能证声闻菩提，有堪任性故。由是三种补特伽罗住自种姓为依止故、为建立故，若遇胜缘，所谓有佛出世、闻正法等，便有堪任，便有势力展转增盛，于其涅槃能得能证，是名三种决定种姓，决定堪任能证自果，非余果故。不定种姓者谓有声闻姓不定者，若闻大乘，便即回趣无上正等菩提故。无种姓者谓不堪任能证三乘菩提果故，彼若遇缘、若不遇缘，遍一切种毕竟不能得般涅槃。此中种姓即是种子差别异名，故《瑜伽》云："诸有情类无始时来，若般涅槃法者一切种子皆悉具足，不般涅槃法者便阙三种菩提种子。"

复次大乘种姓有二：一本性住种性，谓无始来依附本识，法尔所得无漏法因；二习所成种姓，谓闻法界等流法已，闻所成等熏习所成。如《唯识》说，应知此中习所成种，谓住种姓补特伽罗闻正法时，熏令本有无漏种子，展转增盛，入见道已无漏智生，由此为因乃能有力别熏新种，由是故名习所成种。故《唯识》云：“有诸有情无始时来有无漏种，不有熏习法尔成就，后胜进位熏令增长无漏法起，以此为因，无漏起时复熏成种。”若无种姓补特伽罗，既无本性住种为因，由何能熏习所成种。故《唯识》云：“若本全无无漏法种，则诸圣道永不得生，乃至广说。”

虽唯识家如难陀义，许能成立唯新熏种，说无漏种由熏习生；又说有情本来种姓差别，不由无漏种子有无，然不应理。故下护法正义破云：“若唯识起，有为无漏，无因缘故应不得生，有漏不应为无漏种，勿无漏种生有漏故。许则诸佛有漏复生，善等应为不善等种。”此中意显若唯新熏无本有种，即见道位有为无漏，无因缘故应不得生。若言有漏许能为因，然二相违，有漏不应为无漏种，若许有漏生无漏者，亦应无漏生于有漏，勿有此过。何以故？若许有漏生无漏，无漏生有漏者，便应诸佛有漏复生。又若相违得为因者，善等应为不善等种，然既不尔，是故若唯新熏无本有种，不应道理。

由前诸义，应知一切补特伽罗有有种姓及无种姓决定差别，若有大乘二种种姓当能证得究竟佛果。如是佛果尚非独觉、声闻性所堪任，况无种姓。又无种姓尚不堪任独觉、声闻之所能证，何况佛果。然有有情不知如是有无种姓差别，从昔传闻一切有情皆得成佛，又经有云，一切众生悉有佛性，而自不能如理分别，遂执一切众生定有佛性，当得成佛。

应问彼言：如汝所执定有佛性，为有为法名佛性耶，为无为法耶？若言有为，相差别故，一切众生法尔应有有无种别，不应定说皆有佛性。以何道理不许众生无无种姓，如《瑜伽论·第六十七》广破其义，繁故不述。又《涅槃经》佛自说云："善男子，若说一切众生定有佛性，是人名为谤佛法僧；若说一切定无佛性，此人亦名谤佛法僧。"是故众生有有种姓、有无种姓，不应一切定有佛性，若作定说不应道理。

若言无为，性是一故，说诸众生应有佛性义则可尔，如《唯识》云："涅槃有四：一本来自性清净涅槃，谓一切法相真如理，虽有客染而本性净，具无数量微妙功德，无生无灭湛若虚空，一切有情平等共有。"然不应说由无为法当得成佛，既说无为无生无灭非不生法，而能生起大菩提故。又现无灭，应说一切众生现皆成佛，亦应说佛犹是众生，若尔，便无成佛不成佛义，许佛众生无差别故，佛亦不应三无数劫修集无量福慧资粮，功用唐捐故，犹是众生故。然佛众生既有差别，是故若说由无为法许得成佛，不应道理。

复有有情作如是说，一切有情心性本净，由一刹那无明起故，便为客尘烦恼之所染污，由染污故流转生死。若能了知心性本净，制伏妄念令不生起，由是便离一切客尘烦恼不为染污，不染污故还得自心清净本体，永断生死及成佛果。应问彼言：先无无明，心性本净应名佛耶，不名佛耶？若名佛者，佛无无明，不应刹那无明顿起，许，便诸佛还成众生，又今众生亦应先是诸佛，若尔，便成大过；若不名佛，便应后时心性清净亦不名佛，前后心净无异因故。又若心性本净，先无无明，由何而有无明生起？心性本净不应说为无明因故，若许尔者，心性净已，例应更有无明顿生，便无究竟得成佛者，又同前说诸佛还成众生等过。由是故知所说心性本净不应道理，若闻此者，不应迷惑，于非义中持为是义。

又此所说，应同数论所立道理及与次第，但除一一名数差别，彼立二十五谛总略为三：一自性，二变异，三我知。又自性摄，说有三德：一名萨埵，勇健义故；二名剌阇，微尘义故；三名答摩，钝暗义故。是谓彼立名数差别，彼云：自性本有，无为常住，由我起思受用境界，便从自性三德为因，转变生起大等变异二十三谛，如是三德是生死因，由所转变扰乱我故不得解脱，若知二十三谛转变无常，生厌修道，自性隐迹，不生诸谛我便解脱，是谓彼立道理及与次第。云何同彼道理及次第耶？谓此所说心性本净，同彼自性体是常一；此说无明顿起而有流转，同彼三德为生死因；此说若知制伏妄念令不生起，同彼若知转变无常生厌修道；此说便离一切客尘烦恼不为染污，乃至永断生死及成佛果，同彼最后自性隐迹，不生诸谛我便解脱。如是道理及与次第，此与彼义既无差别，不应爱憎而有取舍。凡所论议以理为衡故，当知不违法相不违圣言之正教量不如是故，如《唯识论》广破其义，今当引释。《唯识·第二》云："分别论者虽作是说，心性本净客尘烦恼所染污故，名为杂染，离烦恼时转成无漏。故无漏法非无因生，而心性言彼说何义？若说空理，空非心因，常法定非诸法种子，以体前后无转变故。"此护法师难唯新熏无本有种，乘因广破分别论者，说心性净为无漏因，于中初难空理非无漏因，言空理者即是真如，真如是空所显理故。若心净言说真如理，彼空所显非无漏心生起之因。又真如理是常住法，常法定非诸法种子，以真如体无有生灭，若有烦恼若离烦恼，前后位中无转变故。彼论又云："若即说心应同数论，相虽转变而体常一，恶无记心又应是善，许，则应与信等相应；不许，便应非善心体，尚不名善，况是无漏。有漏善心既称杂染，如恶心等，性非无漏，故不应与无漏为因，勿善恶等互为因故。若有漏心性是无漏，应无漏心性是有漏，差别因缘不可得故。又异生心若是无漏，则异生位无漏现行应名圣者。若异生心性虽无漏而相有染不名无漏，无斯过者，则心种子亦非无漏，何故汝论说有异生，唯得成就无漏种子，种子现行性相同故。”

此中次难心性本净不应生起诸不净心，若起不净便有多过，一一分析复有八难，随释出之。若言心性即是有漏能缘心体，不应有漏杂染相心而可转变成无漏相，若许转变应同数论所立大等诸谛，相虽转变而自性体是常是一，此即第一相转体常难。若彼救言：有漏为相，性是无漏者，若尔，恶、无记心又应是善，何以故？有漏善心许性无漏说名为善，不善、无记性亦无漏，亦应名善，无漏性同，理可应许相无别故，此即第二二性应同难。若许名善，应与信等心所相应，如余一切善心等故，此即第三恶与善俱难。若不许与信等相应便应非善心体，此不善心尚不名善，何况可许性是无漏，此即第四不俱非善难。若彼救言：不善、无记无信等故，性非无漏，余有漏善信等俱故，性是无漏，生无漏者，若尔，有漏善心为诸烦恼所缘缚故，既称杂染应如不善、无记心体，性非无漏，杂染类故，由是故不应与无漏为因，性相违故，勿由许彼令善恶等互为因故，此即第五例恶非因难。若有漏心性是无漏，应无漏心性是有漏，许相违法互为因故，若唯有漏性是无漏，非无漏心性是有漏，差别所以不可得故，此即第六治障性同难。又异生心其性本净，若是无漏则异生位应无漏现行，若尔，应如佛等亦名圣者，此即第七凡夫起圣难。若彼救言：诸异生心，性虽无漏，而由现行相有染故不名无漏，无斯名圣过者。若尔，现行由相染不许名无漏，则心种子亦应由相有染不名无漏，何故汝论说，有异生唯由相染而得成就无漏种子，非由相染亦得成就无漏现行，种子现行皆有性相，其类同故不应种现说有差别，此即第八现种应同难。彼《论》又云："然契经说心性净者，说心空理所显真如，真如是心真实性故，或说心体非烦恼故名性本净，非有漏心性是无漏故名本净。"

此申正义解心性净，有其二义：一谓真如，如文易知；二谓心体，即说心王自体非烦恼性，烦恼是彼相应心所，由是故说非烦恼故名性本净。下总结云：非有漏心性是无漏故名本净，由是应信诸有情类，无始时来有有种姓、有无种姓；有种姓者能生当来无漏现行，无种不尔，不应如前种种疑执。有种姓相、无种姓相如《瑜伽论·声闻地》中广说应知。

善巧义第五

已辩种姓，今次当说诸善巧义，此与种姓为胜缘故。

云何善巧？谓若有法能令有情随其种姓成熟解脱，说名善巧，如《瑜伽论·第二十七》说有五种：一蕴善巧，二界善巧，三处善巧，四缘起善巧，五处非处善巧。谓由五种善巧为缘，能生如实了知善巧智故。云何蕴善巧？谓于五蕴，能善了知彼彼差别，离此蕴外无别有我，亦无少法是我所有，如是由蕴为缘即于无我而得善巧，是故说此名蕴善巧。云何界善巧？谓于十八界法，如实了知从彼彼界别别而转，如是由界为缘，即于因缘而得善巧，是故说此名界善巧。云何处善巧？谓于十二处，如实知彼与六识身，及相应法为增上缘及所缘缘。言增上缘谓内六处，是六识等所依止故；言所缘缘谓外六处，是六识等所缘境故。诸内外处为依为缘，六识身等而有流转，如是由处为缘，及于增上缘等而得善巧，是故说此名处善巧。云何缘起善巧？谓于十二缘起，如实了知唯有诸法滋润诸法，唯有诸行引发诸行，而彼诸行因所生故、缘所生故，本无而有，有已散灭，体是无常，无常故苦，苦故无我。如是缘起种种行相为缘，即于无常、苦及无我而得善巧，是故说名缘起善巧。云何处非处善巧？当知即是缘起善巧差别，此中差别者谓由处非处善巧故，能正了知因果道理，平等平等，非不平等。若诸善法为因能感可爱果异熟法，若不善法为因能感非可爱果异熟法。如是由处非处为缘，即于因果平等道理而得善巧，是故名处非处善巧。

如是所说五种善巧总名声闻善巧所缘，菩萨善巧当知胜于一切声闻独觉。如《瑜伽论·三十五》云：“声闻独觉于蕴界处缘起处非处中能修善巧，菩萨于此及于其余一切明处能修善巧。”一切明处者谓五明处，一内明处，二因明处，三声明处，四医方明处，五工业明处。如《瑜伽论·三十八》说：“彼诸菩萨求正法时当何所求？云何而求？何义故求？谓诸菩萨以要言之，当求一切菩萨藏法、声闻藏法，一切外论、一切世间工业处论。”此中菩萨藏法、声闻藏法是诸佛语言，说名内明论，于中显示正因果相及已作不失、未作不得相故。一切外论者略有三种：一者因论，二者声论，三者医方论。一切世间工业处论者，非一众多种种品类，谓金师铁师末尼师等工业智处，如是一切如其次第五明处摄。《瑜伽》又云：“菩萨何故求闻正法？谓诸菩萨求内明时，为正修行法随法行，为广开示利悟于他，若诸菩萨求因明时，为欲如实了知外道所造因论是恶言说，为欲降伏他诸异论，为欲于此真实圣教未净信者令其净信，已净信者倍令增广。若诸菩萨求声明时，为令信乐典语众生，于菩萨身深生净信，为欲悟入诂训言音文句差别，于一义中种种品类殊音随说。若诸菩萨求医明时，为息众生种种疾病，为欲饶益一切大众。若诸菩萨求诸世间工业智处，为少功用多集珍财，为欲利益诸众生故，为发众生甚希奇想，为以巧智平等分布饶益摄受无量众生。菩萨求此一切五明，为令无上正等菩提大智资粮速得圆满，非不于此一切明处次第修学，能得无障一切智智。”如是一切明处为缘，令诸菩萨能得自利利他善巧，不共声闻独觉所得，由是故说菩萨善巧。

又《中边论》说十善巧：一蕴善巧，二界善巧，三处善巧，四缘起善巧，五处非处善巧，六根善巧，七世善巧，八谛善巧，九乘善巧，十有为无为善巧；如是十种能为对治十种我见。诸愚夫类不善了知蕴等十法，而于蕴等妄起分别，有十我见，今对治彼说无有我，唯是蕴等十法差别。若于蕴等如实知故，十种我见便即除断，由是十法名善巧法。十见者何？云何对治？一、执一性，谓有我见计蕴为我执体是一，今对治彼说蕴有五其体非一，体非一故非蕴是我。二、执因性，谓有我见计界为我，执能为因，今对治彼说因是界，非我为因。三、执受者性，谓有我见计处为我，执是受者，今对治彼说受是处而无受者。四、执作者性，谓有我见计缘起为我，执是作者，今对治彼说是缘生而无作者。五、执自在转性，谓有我见，计蕴等我有自在力，令法如是不如是等，今对治彼说处非处因果平等，而我于法无自在力。六、执增上义性，谓有我见计根是我有增上用，今对治彼说是根用而非是我。七、执常性，谓有我见计蕴等我其体是常，今对治彼说有三世而非常法。八、执染净所依性，谓有我见计我是一为染及净二别法依，今对治彼说于四谛，故有染净而非依我。九、执观行者性，谓有我见计蕴等我体是观者，今对治彼说于三乘，观有差别而无观者。十、执缚解者性，谓有我见计蕴等我有缚有解，今对治彼说有为无为，缚是有为解是无为，无解缚者。如是十见为所对治，缘蕴等法能起正知，是名对治十见蕴等善巧。

由前教理应知善巧，随诸有情种姓不同有其差别，由彼彼法行相为缘，随应观得无我等智，从智善巧于彼彼法，说善巧名。是故若无种姓补特伽罗，虽闻如是蕴等善巧诸法，如理显示无我我所，而不能得微小发心、微小信解，况能获得诸善巧智。又若声闻独觉决定种姓成就薄悲，于说正法利有情事尚不爱乐，况能于彼获得善巧。唯诸菩萨种姓最胜，依内修证一切佛法，依外成熟一切有情，于一切明处皆修得善巧。然有有情不知诸法善巧及彼所缘熏习道理，而唯妄执非善巧法谓为善巧，或虽善巧而不审知种姓有多差别及彼相应修习道理，执善巧法若多若少，谓遍能令证得清净，如是等执皆不应理。如《瑜伽》说："无处无位，毂牛角等而出于乳，必无是处，毂彼乳房，斯有是处。"今此中说诸法善巧，道理亦尔，谓于非善巧法而得善巧，必无是处，唯善巧法斯有是处。《瑜伽》又说："无处无位，从余类种、余类芽生，必无是处；唯自种类，斯有是处。"今于此中种姓相应，道理亦尔，从余种姓及不相应，余善巧生，必无是处，唯自种姓及相应法，斯有是处。

因缘业果义第六

已辩善巧，今次当说因缘业果是诸善巧所依处故。

云何因缘业果？谓若有法能顺益彼即说此为彼因，若此与彼为生起依即说此为彼缘，若能造作说名为业，若所成办说名为果。此中一一复有差别，谓有十因、四缘、三业、五果。十因者：一随说因，二观待因，三牵引因，四生起因，五摄受因，六引发因，七定异因，八同事因，九相违因，十不相违因。四缘者：一因缘，二等无间缘，三所缘缘，四增上缘。三业者：一身业，二语业，三意业。复有三种：一善业，二不善业，三无记业。复有三种：一福业，二非福业，三不动业。五果者：一异熟果，二等流果，三离系果，四士用果，五增上果，如《瑜伽》等广说其相。

云何因相？如《瑜伽论·三十八》云："谓一切法，名为先故想，想为先故说，此望彼法名随说因。观待此故，此为因故，于彼彼事若求若取，此望彼法名观待因；如观待手故，手为因故，有执持业；观待足故，足为因故，有往来业；观待节故，节为因故，有屈伸业；观待饥渴故，饥渴为因故，于诸饮食若求若取，随如是等无量道理应当了知。观待因相，一切种子望后自果名牵引因。除种子外，所余诸缘名摄受因。即诸种子望初自果名生起因。即初种子所生起果，望后种子所牵引果名引发因。种种异类各别因缘名定别因。若观待因、若牵引因、若摄受因、若生起因、若引发因、若定别因，如是诸因总摄为一，名同事因。于所生法能障碍因名相违因。此障碍因若阙若离名不相违因。”

如是十因，应知能令杂染清净事转，如彼《论》云：“又于一切杂染缘起，所有种种名想言说，谓无明、行、识、名色广说乃至老死、愁悲忧苦扰恼，即此望彼诸杂染法为随说因，如言无明缘行乃至生缘老死。如是等类种种随说观待境界所有爱味，于诸有支相续流转，即彼望此诸杂染法为观待因。于现法中无明等法所有已生已长种子，令此种子望于余生生老死等为牵引因。近不善士、闻不正法、非理作意及先串习所引势力生无明等名摄受因。无明等法各别种子名生起因。从无明支乃至有支展转引发，后后相续望于余生，生老死等为引发因。余无明支及自种子乃至有支能生那落迦，余无明支及自种子乃至有支能生傍生、饿鬼，人、天，当知亦尔，即此望彼诸杂染法名定别因，即彼一切从观待因至定别因名同事因。此杂染法相违因者，谓出世间种姓具足、值佛出世演说正法，亲近善士、听闻正法、如理作意、法随法行及与一切菩提分法，即如所说种种善法若阙若离，是杂染法不相违因。如是十因应知能起一切有情、一切杂染，又于一切清净品法及灭涅槃，所有种种名想言说，即此望彼诸清净法为随说因，如言念住、正断乃至八圣道支，无明灭故行灭，广说乃至生灭故老死灭，如是等类种种随说。观待诸行多过患故，乐求清净、摄受清净、成满清净，彼望于此为观待因。安住种姓补特伽罗，种姓具足，能为上首，证有余依及无余依二涅槃界，彼望清净为牵引因。亲近善士、听闻正法、如理作意及先所作诸根成熟，名摄受因。种姓所摄一切无漏菩提分法所有种子，望彼一切菩提分法，为生起因。即自种子所生一切菩提分法渐次能证，若有余依、若无余依二涅槃界名引发因。声闻种姓以声闻乘能般涅槃，独觉种姓以独觉乘能般涅槃，大乘种姓以无上乘能般涅槃，彼望清净为定别因。若清净品观待因乃至定别因，彼望清净为同事因。种姓不具足、不值佛出世、生诸无暇处、不亲近善士、不听闻正法、不如理作意、数习诸邪行，彼望清净为相违因。此相违因若阙若离，是名清净不相违因。若杂染品诸相违因，当知即是清净法因。若清净品诸相违因，当知即是杂染法因。如是现有杂染十因、清净十因，过去未来曾当染净皆亦如是。一切唯有如是十因，除此无有，若过若增。”

云何缘相？如《成唯识论·第七》云：“一因缘，谓有为法亲办自果，此体有二，一种子，二现行，乃至广说。”此中意显种子生现、现熏种子亲办果故皆名因缘，若有为法虽成办果，非是亲者不名因缘。

彼《论》又云：“二等无间缘，谓八现识及彼心所，前聚于后自类无间，等而开导令彼定生。”此中言八现识及彼心所者，意显唯心心所说有此缘；言前聚于后者显心心所前为后缘，非俱时及后为前缘；言自类无间者，显非他识相望为缘，唯自类识，又非于中有余间隔可说于后前为此缘，唯无间隔。言等而开导者，开谓避义，与后处义；导招引义，谓若前法迁避其处招引后法可令生故。等者显前灭一心为后一切心心所缘，或前一切灭心心所为后一心缘，意即齐等而开导故名等开导。非定心所自望为缘，心王望彼亦为缘故，心心所法和合似一，于所引生势力等故。言令彼定生者，即显后果虽经久远如经八万劫，前眼识望后眼识亦许为缘，以彼后果当定生故。唯除最后入无余心，无果定生故非此缘，虽有开义无导引力故。

彼《论》又云："三所缘缘，谓若有法是带已相，心或相应所虑所讬。"此中谓若有法者，谓非遍计所执，所执无体不能发生能缘之识，故非是缘。若依他起及无为法可有力用发能缘识，名为缘故，是带已相者，带有二义：一带似义，二挟带义。已者境体。相亦二义：一相分义，二体相义。若缘依他即能缘心，有似所缘境体之相状生，如是言带是带似义，如是言相是相分义。若缘无为即能缘心挟带真如之实相起，如是言带是挟带义，如是言相是体相义。言心或相应者显所缘缘果，唯心心所法，前言有法显是缘义。言带已相是所缘义，缘既能生，能生于谁，又望于谁与为所缘说带已相？故今此句显唯是心或彼相应是所缘缘果，色不相应非能缘法，故此不与彼为所缘。

《三十八》说，唯望心心所为所缘故。言所虑所讬者，所虑即前所缘义，所讬者即前缘义，设此为彼所虑非所讬者不名为缘，如和合假等；设此为彼所讬非所虑者不名为缘，如镜水等。谓镜水等所照外质，虽能为缘生镜中影，然彼镜等既不能虑，外质便非镜等所虑，不名所缘，不同心等，虽无分别亦能虑故，此中虑者谓缘虑义。

彼《论》又云："四增上缘，谓若有法有胜势用，能于余法或顺或违。"此中谓若有法亦是有体，此简所执；有胜势用者谓为缘义，即有为无为皆有胜势用；能于余法者简其自体，显不同前所缘缘故。或顺或违者，显与顺违，说能为缘，谓与后生或顺或违异法为缘，非前灭法能顺违故。如是四缘，因缘一种亦因亦缘，余唯是缘；又前三缘亦是增上，而今第四除彼取余，为显诸缘差别相故。

云何业相？谓若法生时造作相起，及由彼生，故身行语行，于彼后时造作而转，是名为业。《成唯识论》云："能动身思说名身业，能发语思说名语业，审决二思意相应故说名意业，起身语思有所造作说名为业。"此中显业体即是思，思有三种：一审虑思，二决定思，三动发思；初二种思但意相应故名意业，后一种思动发身语名身语业，是谓三业。复有三业：一善业者谓无贪无嗔无痴，为因缘业；二不善业者谓贪嗔痴，为因缘业；三无记业者谓非无贪无嗔无痴为因缘，亦非贪嗔痴为因缘业。复有三业：一福业者，谓感善趣异熟及顺五趣受善业；二非福业者，谓感恶趣异熟及顺五趣受不善业；三不动业者，谓感色无色界异熟及顺色无色界受善业。复有差别，如《瑜伽论》一一广说。由如是等业差别故，于诸有情或为损害或为利益，及于自身感种种果，或爱非爱，或为异熟、或为等流、或为增上、或现法受、或顺生受、或顺后受，随应当知。

云何果相？《瑜伽·三十八》云："诸不善业于诸恶趣受异熟果，善有漏法于诸善趣受异熟果，是名异熟果。习不善故乐住不善，不善法增，修习善故乐住善法，善法增长，或似先业后果随转，是名等流果。八支圣道灭诸烦恼名离系果。若诸异生以世俗道灭诸烦恼，不究竟故非离系果。诸有一类，于现法中依止随一工巧业处起士夫用，所谓农作、商贾、事王、书画、算数、占卜等事，由此成办，诸稼穑等财利等果，是名士用果。若眼识等是眼根增上果，乃至意识等是意根增上果，众生身分不散不坏，是命根增上果。二十二根各各能起自增上果，当知一切名增上果。"此中言善有漏法者简无漏善，以无漏善不感报故。古师有谓，一切善不受报者，非也，言似先业后果随转者，谓如杀生得短命报，由令他命短，自命亦短，义相似故假名等流。据实而言，果不似因非是等流，增上果故。言二十二根者谓五色根五、男女根二、命根、意根、五受根五、信等根五、无漏根三，是谓二十二根。余文易知。

复次，当知前说十因，二因所摄：一能生因，二方便因。《瑜伽论》中《菩萨地》说：“牵引种子、生起种子名能生因，所余诸因名方便因。”又四缘中“若能生因是名因缘，若方便因是增上缘。”是故一切有为染净诸法，非无因缘及增上缘，而能生起诸现行果。言因缘者谓自种子，增上缘者谓所和合自众缘法，非余能生及相应故，如说生起，如是证得道理亦尔。《瑜伽·第五》云：“问：以谁为先、谁为建立、谁和合故、得何法耶？答：声闻独觉如来种姓为先，内分力为建立，外分力为和合故。烦恼离系证得涅槃。内分力者谓如理作意、少欲知足等内分善法，及得人身、生在圣处、诸根无缺、无事业障，于其善处深生净信，如是等法名内分力。外分力者谓诸佛兴世、宣说妙法、教法犹存、住正法者随顺而转，具悲信者以为施主，如是等法名外分力。”此中种姓即因缘种，内外分力即增上缘，与自种姓为增上故。

由是应知，若无种姓、无因缘故，毕竟不能证得涅槃。若有种姓，而未具足内外分力为增上故，亦不速证。然有有情，不审了知因缘差别，作如是言，一切众生悉有佛性，皆得成佛，若尔，圣教应不立有三乘种姓及无种姓，此中亦不应说声闻、独觉、如来种姓为先，然既不尔故不应许。复有有情，不审内外分力有定齐限，不于内分如理作意，而唯信仗佛外分力，谓佛悲愿及大神威，决定能令速疾成佛。若尔，圣教应不说佛于诸具障阙因有情无自在力，亦不应说不听闻正法、不如理作意，望清净法为相违因，此中亦不应说内分力为建立等。然皆不尔，故不应许。

复次，应知凡诸世间所有士夫补特伽罗，现所受苦，为唯宿业所作耶，为唯现法所招耶？若唯宿业所作，便同一类外道宿因论者，应不精勤修现方便，现不转业，为业转故，然圣不尔；若唯现法所招，便同一类世间断见论者，应不积集修诸妙行，此不能感当来果故，然圣不尔；是故二种，俱不应理。《瑜伽·第七》云：“或有诸苦唯用宿作为因，犹如有一自业增上力故，生诸恶趣或贫穷家。或复有苦杂因所生，谓如有一因邪事王，不获乐果而反致苦，如事于王，如是由诸言说商贾等业，由事农业，由劫盗业，或于他有情作损害事，若有福者获得富乐，若无福者虽设功用而无果遂。或复有法纯由现法功用因得，如新所造引余有业，或听闻正法于法觉察，或复发起威仪业路，或复修学工巧业处，如是等类，唯因现在士夫功用。”此中所说有三句别，最为尽理。然诸有情不了如是有多差别，或执一切宿业所作，于现所受灾害诸苦，不能如理思择彼相，令其缘阙而得远离，但谓宿业之所成就，应受如是衰损痛苦，此愚痴类诚可悲悯。或有唯执现法所招，不信业因能感诸果，恃自聪敏可获富乐，谓多功力可定成就，由是放逸于他有情作损害事，而无怖畏。此邪见类，触大业障，如是等执非理应知。

唯识义第七

已辩因缘业果，今次当说唯有识义。因缘业果皆识相故，不了唯识，因缘等义不究竟故。

云何唯识？识谓了别，了别别境名为识故。识有八种：一者眼识，谓依眼根了色境故；二者耳识，谓依耳根了声境故；三者鼻识，谓依鼻根了香境故；四者舌识，谓依舌根了味境故；五者身识，谓依身根了所触境故；六者意识，谓依末那了法境故；七末那识，依阿赖耶了彼境故；八赖耶识，依于末那了三境故。此中末那翻名为意是思量义，思量赖耶度为我故，言彼境者，彼谓赖耶，末那依彼亦缘彼故。梵阿赖耶此翻名藏，是藏隐义，藏隐身中同安危故。言三境者：一谓种子，性坚持种令不失故；二谓根身，由能执受不坏烂故；三谓器界，即外五尘随因缘变，有实用故。如是八识名曰心王，为主义故。

主有所属名曰心所，助伴义故，一一心所有五十一，总有六位：一遍行位，一切心中遍相应故，此位心所有其五种，一触二作意三受四想五思；次别境位，缘别别境而得生故，此位亦五，一欲二胜解三念四定五慧；次善心位，唯善心中可得生故，此位心所有其十一，一信二惭三愧四无贪五无嗔六无痴七精进八轻安九不放逸十行舍十一不害；次烦恼位，性是根本烦恼摄故，此位有六，一贪二嗔三痴四慢五疑六恶见；次随烦恼位，唯是烦恼等流性故，此位心所有二十种，一忿二恨三覆四恼五嫉六悭七诳八谄九害十骄十一无惭十二无愧十三掉举十四昏沉十五不信十六懈怠十七放逸十八失念十九散乱二十不正知；后不定位，于善染等皆不定故，此位有四，一悔二眠三寻四伺。如是六位五十一心所，一一行相一一业用，差别繁多不能具述，如《瑜伽》等广说应知。

今言唯识亦摄于彼，非无心所名唯识故，若无心所，心于所缘唯取总相，不应而有悦不悦意、领纳等别；又无心所助成心事，心性本净不应说有善染等摄。《唯识·第五》云："此六转识，若与信等十一相应，是善性摄。与无惭等十法相应，不善性摄。俱不相应，无记性摄。"此中所言虽唯六识，然理准知七、八亦尔，于异生位七名有覆，四惑俱故；八唯无覆，善染诸法不相应故。由是应知，心所于心令成善染，有胜势用，故唯识言非无心所。

复次，应知现见色等器世间相，识所变故、亦识为体故言唯识，非无色等名为唯识，违世间故、违现量故。《成唯识论·第二》云："所言处者谓异熟识，由共相种成熟力故，变似色等器世间相，即外大种及所造色。虽诸有情所变各别，而相相似处所无异，如众灯明各遍似一。"此中道理诸始学者，乍闻难悟，皆由无始迷执颠倒，正为障故，今设问答，略辩其义。

谓有问言：现器世间为有为无？应答彼言：依色等立相有体无，诸色等相现量证故，不应拨无故言相有，然如幻事托众缘生，无自然性不应执有，故言体无。问：若尔，彼所有相谁为所依？非无所依而有相故，若有所依应必有体，其体为何？答：识为其体，以色等相识上现故，识所现相识体变故，如梦中相非离识有。问：若识为体，识所变者，识不起时相应不有，然彼不尔，现见色等，识起不起其相常住，非识起时其相方有，云何可言为识所变？答：汝所言识为是何识？若眼等识，说起不起义则可尔，有间断故，若赖耶识命根所持，一期生中任运而转，一类相续无有间断，不应说言有起不起，彼若不起命便断故，器世间相彼识所变，眼等五识依之而转，非谓色等眼等识变，是故无过，不应为难。问：若色等相识所变者，能变识体相续而生，何缘色等其相常住，非相续起？答：一切有为生已即灭，不应说言有常住法，色等相续一类而转，似住相生而实非住，犹如灯明油力所资，前后相续一类而转，由彼相续及一类故，相若暂住而实无住，刹那刹那油渐尽故，今此道理当知亦尔。阿赖耶识无始时来，积集无量色等种子，由是色等前后相续一类而转，由彼相续及一类故，相若常住而实无住，刹那刹那种子灭故。问：若尔，色等诸相应言种子所变？非识所变？答：阿赖耶识名种子识，故名识变，此识持种亦种亦识故，余识非种，故此不说余识所变。问：能变识种由何而有？为何相耶？答：种由现行熏习而有，然离本识无别有性，本识是种所熏处故，如谷麦种非离谷麦别有自性，望能生芽说名种子，非于其中磨擣分析，寻求种相有所得故。今此亦尔，阿赖耶识体受熏故，能持所熏生后自果差别功能，如是功能说名种子，非于其中别有实物性可得故。

问：阿赖耶识一切有情为共不共？若言共者，一切有情应无苦乐受果差别；若言不共，应唯受用自识所变，不应所变器世间相可共受用。答：依阿赖耶立有情体，此有情体当言不共。《唯识论》言，一切有情各有八识故，然由自他起同事欲，熏相似种，于现所变相似相生，相相似故，说有相似共受用义，于理无违。问：若尔，一切有情无始时来，于五趣中轮回生死，应有五趣相似种子可得，若外器相种子所变，应一刹那而有五趣相似相生，何故不尔？答：一切种子有其二位：一未成熟位，二成熟位。阿赖耶识虽能任持一切种子，而由五趣所依别故，非于此趣所依未舍，余趣种子可生现行。由现所依能为障故，令彼缘阙不成熟故，由是种子若成熟位可生现行，非未成熟，故难非理。略辩义已，应释《论》文。所言处者，处谓处所即器世间，是诸有情所依处故。言异熟识即阿赖耶，从果为言名异熟识，此是能引诸界趣生善不善业之异熟果故，果不似因名异熟果，阿赖耶识，因唯善恶果是无记，故名异熟。言共相种者简不共种，彼唯变似色根身故，以不共他名不共种，今外器相是诸有情相似业感，可共受用名共相种。言成熟力者简未成熟一切种子，彼无力故、性安住故，今此不尔，力能生故。变似色等器世间者，器谓器具，资生处故；世谓三世迁流为义，堕世中故名为世间，依色等法假立此名，显色等法迁流无常，是诸有情资生处故，如是色等无自然性，唯相显现故置相言。又色等言唯假安立，离色等言说所依事名似色等，显所依事，不如言说有实色等，但相似故。如是等相非离识有，识为能变如彼幻者，相为所变如幻所作，是故言变，即外大种及所造色者。大种谓地及水火风，所造谓色声香味触，色通大种及所造言，总名色故，外亦通二，皆外处故简非内处，是故言外。虽诸有情所变各别，而相相似处所无异者，此中正显唯识所变之义，一切有情识个别故，所变器相理亦个别。若尔，应唯受用自识所变，不应所变余共受用，然此所说不遍一切，但约因缘不共余故。若增上缘虽自他识所变个别，然相相似可随顺转，不相障碍同在一处，何理不许互共受用，现见自他所变依身，能互受用增上事故，如按摩等，况外器相，《论》所显义如是应知。如众灯明各遍似一者，此举喻显前所说义，众多灯明，喻外器相；言各遍者，各喻有情所变各别，遍喻处所无异；言似一者，喻相相似，谓外器相如小室中众多灯明，共在一室各各遍照，由各遍故，虽照各别其体非一，然相涉入不相隔碍，处所无异故见似一。器世间相道理亦尔。

问：如《论》所言，即外大种及所造色，为在识外名为色耶，为不尔耶？若识外者应非唯识，许，离识外有色境故。若不尔者何故言外？答：论言外者，为简内处说在外处，非表离识实有外境，若在外处即外境者，外处所摄第六法境，意识所缘，宁许外境，故圣教中说似外境，非实在外，然愚夫执是实外境，当知唯是遍计所起，故《唯识》云："色等外境分明现证，现量所得宁拨为无？"此先问起，下正答云："现量证时不执为外，后意分别妄生外想，故现量境是自相分，识所变故亦说为有，意识所执外实色等，妄计有故说彼为无。又色等境非色似色、非外似外，如梦所缘，不可执为是实外色。"如是色等识所变故、不离识故名为唯识，应可审知。

复次，应知阿赖耶识有三种相：一者自相，谓能摄持一切因果法故；二者果相，一期生中恒时相续异熟果故；三者因相，能遍执持诸法种子令不失故。彼能持种为诸法因，由是而生诸法现行，所谓眼识缘色乃至意识缘法，及彼随应五十一心所法和合而转，是名现行。相显现故、现在前故说名为现；刹那刹那迁流无息说名为行，此简种子，相微隐故不名为现，性安住故不名为行，如是现行名为彼果，种所生故。然于如是果现行时，现行势力复能为因，于第八识熏成种子，如是种子是现行果，现行为因而熏起故，既熏种已，望后现行复能为因，如是种现展转相生互为因果，无有穷尽恒常而转，故《唯识颂》喻如暴流，彼《论》释云：“恒言遮断转表非常，犹如暴流因果法尔，如暴流水非断非常，相续长时有所漂溺，此识亦尔。从无始来生灭相续，非常非断漂溺有情，令不出离乃至广说如是法喻，意显此识无始因果非断常义，谓此识性无始时来，刹那刹那果生因灭，果生故非断，因灭故非常，非断非常是缘起理，故说此识恒转如流。”此中道理，文显可知。

然有有情执业为因、执报为果，而实不了大乘因果缘起正理，作是难言，若如前说种、现相生互为因果，是则种、现二法俱名为因、俱名为果，应许因果非定有法，非定有故何成因果？应答彼言：此难非理，若许因果有定法者，应说种、现谁为因果，若但随显说种为因，现为果者，种但为因，因若灭已，应不更有，成无因过；现但为果，果若生时，应无有用，成无果过。若尔，因果皆成断灭，若复转言，种子不灭故常为因，无无因过；现行无用故常为果，无无果过者。若尔，因果应成常住。如是所说或断或常，岂符因果？非断、常义，现见世间谷麦等物，谷麦种生，谷麦生已复能为种，展转相生互成因果，不应起执谓定有法。由是当说：若有此法成办彼法，望能成办此名为因，望所成办彼名为果，彼成办此其义亦尔。如是种子生现行时，种能成办是故名因，现所成办是故名果。若现熏种，现能成办何不名因？种所成办何不名果？故《唯识》云：“缘起正理深妙离言，因果等言皆假施设，观现在法有引后用假立当果，对说现因；观现在法有酬前相，假立曾因，对说现果，假谓现识似彼相现，如是因果理趣显然，远离二边契会中道，诸有智者应顺修学。”此中意显种子生现，现熏新种，三法展转因果同时，是大乘说因果相续缘起正理，非离现在说有过未可成因果，但观现在诸现行法有能引生后法之用，即于后法假想立为当来之果，对彼当果说此现法之用为因，若观现在诸现行法，有所酬应前法之相，即于前法假想立为曾习之因，对彼曾因说此现法之相为果。如是因果唯属现在，于现在法取过未相名为假想，此中想者谓想心所，复言假者谓所取相，似过未故，彼相应识实现在故，由是论言，假谓现识似彼相现。余文可知，是谓唯识究竟了义因果道理。

复次，业缘道理于唯识教究竟了义，云何应知？且缘义者，谓一切法依众缘合方得现前。云何众缘？谓眼识生依肉眼说具有九缘：一空，无障碍故；二明，无暗蔽故；三根，生长门故；四境，所虑托故；五作意，警令起故；六赖耶识，根本依故；七末那识，染净依故；八意识，分别依故；九种子，亲能生故。若说天眼，缘但有七，除空明故；耳识依八，唯除明故；鼻舌身三依七缘生，复除空故，以此三识至境方取故；第六意识依五缘生，一根、二境、三作意、四根本识、五种子；第七、八识皆四缘生：一俱有依根，二以随所取为所缘，三作意，四种子，此中俱有依根者谓决定有增上所依，俱时有故名俱有依，非离所依根有能依识故。如是一一识现行时，缘皆非一故名众缘。于中第八与一切法为根本依，染净诸识生根本故。如有《大乘阿毗达磨经》云："无始时来界，一切法等依，由此有诸趣，及涅槃证得。"《成唯识论》释此颂云："界是因义即种子识，无始时来展转相续，亲生诸法故名为因。"此释颂初句，言种子识，赖耶异名，意显识种为因缘义。

彼《论》又云："依是缘义即执持识，无始时来与一切法等为依止，故名为缘。"此释颂次句，言执持识梵名阿陀那亦赖耶异名，但赖耶名唯异生位，阿陀那名通无漏位，是二差别。意显此识与一切法为根本依是增上缘义，未成佛位此识杂染，杂染法生；已成佛位此识清净，清净法生。由是此识名根本，依诸法染净，此为根本故。言等为依止者，等谓平等，平等为依止故。

彼《论》又云："谓能执持诸种子故，与现行法为所依故，即变为彼及为彼依，变为彼者谓变为器及有根身，为彼依者谓与转识作所依止，乃至广说。"此中广解前说缘义，谓能执持诸法种子故者，此显与种子法为缘，由能执持令不坏故；与现行法为所依故者，此显与现行法为缘，由为所依彼得生故，即变为彼及为彼依者，彼谓现行。由所持种为因及与所生为依，二缘义故，此执持识即变为彼现行诸法，及能与彼现行诸法为所依止。当知此中变为彼者，变有二种，一因能变，谓所执持种子为因，变生现行果故；二果能变，谓由现行识果为体，变似相分用故；种子、识体皆为能变，现行相分彼二所变，若阙一者不变为彼。为彼依者，依亦有二：一种子依谓所执持种，为彼现行依故，诸现行法皆托此依，离自因缘必不生故；二俱有依谓执持识，决定俱起为现行依故，诸心心所皆托此依，离根本依必不转故，种子及识皆为所依，彼现行法依此二依，具此二种说为彼依。由是论文，于此句前双说故字，显二义故，然下论文，解为彼依但显俱有依，不说种子依者，以种子依因缘依故，此显增上，是故不说。今于此文总略说中，非无其义，故应具二，又种望现，虽为因缘，约执持说亦是增上，故义无违，此应思审。谓变为器及有根身者，器谓器界，即外大种及所造色，如前已释；有根身者，身谓大造合聚为义，或依止义亦得名身，身即一形之总称也，总身之中有别根故，名有根身。此言变者是变现义，由自种子转变现行，随现行识而有变现器身等相，是名相分，亦名所缘，以自所变为所缘故。此中道理前已略显，今不更述。谓与转识作所依止者，此言转识谓前七识，前六间断故名转识，第七末那虽无间断，而于见道位有转易，亦名转识，故转识言总摄前七。云何与七转识为依止耶？谓前五识皆依自五色根而转，此五色根是执持识之所执受，由执受故色根不坏，根不坏故五识得生，是谓与前五识作所依止。第六意识依末那转，此执持识与末那识为俱有依，由此依故末那得转，末那转故意识得转，是谓与第六识作所依止。末那、赖耶更互为依，末那为依赖耶得转，赖耶为依末那得转，是谓与第七识作所依止。由是道理，故有颂言："阿赖耶为依，故有末那转，依止心及意，于转时得生。"

彼《论》又云："由此有者，由此有识，有诸趣者有善恶趣，谓由有此第八识故，执持一切顺流转法，令诸有情流转生死，乃至广说。"此中解颂第三句，显与流转作依持用，颂中"有"字有能所别，谓执持识说为能有，诸趣及涅槃证得为所有，即一有言贯此二处。言流转者亦有二法，一种子、二现行，现行染法名为流转，种子染法名顺流转，成有漏法皆名流转。由有此时，执持一切顺流转法杂染种子，辗转熏增，种得成熟生染现行，染现行故令诸有情流转生死。是故应知有情生死由染现行，染现行生由种成熟，种赖执持由有此识，若无此识皆不得成。

彼《论》又云："及涅槃证得者，由有此识故有涅槃证得，谓由有此第八识故，执持一切顺还灭法，令修行者证得涅槃，乃至广说。"此中解颂第四句，言还灭者，还即道谛，灭即灭谛，身中无漏种子名顺还灭法，谓无漏种顺现行道能证灭故。由有此识执持一切顺还灭法无漏种子，渐熏增故种得成熟生无漏道。后复由此渐次修习展转增盛，令修行者证得涅槃。是故应知涅槃证得由无漏道，无漏现行由种成熟，种赖依持由有此识，若无此识皆不得成。如是前说此执持识，执持种故、现所依故、由有流转故及有还灭故，当知一切染净因缘皆依此识，故契经说，心杂染故有情杂染，心清净故有情清净，此中心者即第八识。《成业论》说无量种子所集起处名为心故。

已说缘义，次应说业。业谓有漏善、不善思，由如是思正现行时，驱役自心造善不善，有盛势用，故熏本识起自功能，能招当来诸异熟果。若无本识为受熏处，应所造作唐捐其功；若无本识为能执持，应所熏种便即失坏，如何能感当异熟果。如世尊说，业虽经百劫而终无失坏，遇众缘合时要当酬彼果。当知此中业无失坏者，业谓业种，非彼自相，经久远时安住不坏说无失坏。若许尔者，业种应非有为、刹那灭法，成违教失。《成唯识论·第二》云："然种子义略有六种：一刹那灭，谓体才生，无间必灭，有胜功用，方成种子。此遮常法。常无转变，不可说有能生用故。"然由彼种，住本识中，自类相续，长时无断，说无失坏。谓前刹那现熏成种，次后刹那种相续生。由种生种，故名自类，如是辗转，虽经百劫，终无失坏。是彼颂意。故《唯识论》种子六义中第三义云："三恒随转，谓要长时一类相续至究竟位，方成种子；此遮转识，转易间断与种子法不相应故。"言恒随转者，谓种子法自类相生，后随于前恒常而转，乃至究竟位未对治已，其性一类相续无断。有是道理，唯第八识性恒转故，能执持彼令恒随转，非余转识；以第七识位有转易，及前六识有间断故，说由彼持，不应道理，与种子法不相应故。然有有情，闻佛世尊说如前颂，便作是执，谓过去业其体实有，能得当来所感果故，如是所执当知非理。依大乘说，先有后无名为过去，无过去体，若过去业体应成无，如何可执其体实有？世尊虽说善、不善业，经久远劫而能得果，然应思择如何得果。应如前说，有彼业种自类相续至成熟位，随遇助缘，便即转变而能得果，不应执有过去业体，经久远劫安住不坏而能得果。复有余部种种异门不应理执，如《成业论》广破应知。

问：此中业种，为言一切种，为非一切种耶？答：非一切，望果不同，说种有二：一等流种，与等流果为因之种子故；二异熟种，与异熟果为因之种子故。谓善、恶、无记三性种子，为因随生善、恶、无记三性之法为果，果似因故名为等流果。对果立因，名等流种。若唯善恶有强盛用种子为因，能感无记羸劣之法为果，果异因故名异熟果。对果立因，名异熟种。前说业种，即异熟种。不摄等流，故非一切，无无记故。然异熟种，既唯善恶，望善恶法，亦是等流，非与善恶不为因故；非别等流，有异熟故。由是当说一切种中，有二句别：一，有等流非异熟，谓等流中无记一分；二，有异熟必等流，谓等流中善恶所摄。问：若尔，何缘因故，别等流种，更立异熟？答：为显善恶为增上缘，望异熟果，有胜势用，是故别立。以等流种，但显因缘，不显增上故。无记种子，体性羸劣，无力能生自无记果。要善恶感与为增上，果乃得生。由是当知此无记果，要具二缘，谓等流种为自因缘及异熟种为增上缘。若随阙一，必不生故。又无记果，望自因缘，等流相隐；望增上缘，异熟相显。从胜显说，名异熟果；对异熟果，种名异熟。显此种子，望无记果有胜用故，非无记果无自因缘无记种故。阿赖耶识，是真异熟，名异熟果，但随业力任运而转，不由功用，无间断故。余异熟法，从异熟生，亦名异熟，非真异熟，有间断故。此显善恶业种势力与阿赖耶识为增上缘，令恒相续为总报主，由是得真异熟果名。然彼非无自无记种，为其因缘，谓命根是。真异熟果，甚深难了，因缘业果，皆此摄持。今于此中略解其义。如《唯识论》

广辩应知。

然有有情闻说赖耶是真异熟、为总报主，便即于彼执为实我，或更牵附谓即灵魂，如是所执实谤圣教，彼灵魂名都无有义，不应信受牵附圣教。以彼唯是一类外道所计，为异世间共见色我，显自希奇，妄立灵魂以为实我，而实不能显灵魂相，云何定知有灵魂体，非但斥他即成自义，除彼天爱谁能知此？是故有情不应迷惑。若为赖耶即为其相，何不舍彼而信赖耶？若为信彼即信赖耶，不于其名，于其义者，若尔，何不于赖耶义深求信解，而但执实有自灵魂？彼即无义故不应许，无劳更破，若闻圣教知有赖耶，便谓赖耶即为实我，当知如是起分别执，障生圣道堕诸恶趣，故世尊说："阿陀那识甚深细，一切种子如暴流，我于凡愚不开演，恐彼分别执为我。"今于此义更当显说。《唯识论》云"我谓主宰"，谓如国主有自在力，及如辅宰有割断力。一切有情皆依此义谓之为我，然所执我实无如彼有自在力及割断力，为烦恼转不转烦恼故。又诸有情所起我见，皆执我常及体是一有诸作用，然有为法皆是无常，无自然性，不应于彼而起我执。若无为法虽是常一，然无作用，亦不应执谓是实我。如是有为、无为一切法中，皆无如彼所执常一及有作用自性之法，故所执我其义不成。若谓一切有情从无始来不由分别，皆起我觉，若无实我，觉应不起。此理不然，当知由有阿赖耶识从无始来恒转如流，一类相续无有间断，与一切法而为所依，此一类故有似一相，无间断故有似常相，为法依故有似自在及作用相；一切有情于此似一、似常及似自在作用相上，妄执有法实一、实常及实自在有诸作用；故颠倒计而起我觉，非起我觉便应有我；若不尔者，我见应有非颠倒摄，然不应许，是故无我。

问:若由赖耶有似我相,凡愚于此起执为我,何故世尊复云,我于凡愚不开演耶? 答:凡愚虽计似我为实,然于似相不能分别,虽缘为我及起计度,而于所缘及所计度,尚未印持起邪胜解,以彼计度唯是寻求,未决定故。今若为彼开演阿赖耶教,彼于此教甚深细义不能了达,但于赖耶相似我相,分别执我而得决定,由是印持生邪胜解,彼转不能信解无我,是故世尊不为开演,谓彼有情先虽执我未能分别,今后执我恐分别故。由是当知阿赖耶识有为法摄,众缘所生,刹那刹那生灭相续,似常一相无常一性,有作用相无实作用。圣教于此假立内我,是故不遮;世间于此实执内我,是故不许。《唯识论》云:"初能变识大小乘教名阿赖耶,此识具有能藏、所藏、执藏义故,谓与杂染互为缘故,有情执为自内我故。"此中显阿赖耶翻名为藏,具有三义:一能藏、二所藏、三执藏。谓于杂染互为缘故者,释能、所藏,识能持种,种名所藏,识为能藏;是杂染法所熏、所依,染法名能藏,此识为所藏;如前所说因缘业果皆此义摄,有情执为自内我故者,释执藏义。今此所说凡愚执我此义所摄,如是三义应善解了,勿自分别生我、法执。

净土义第八

已辩唯识，今次当说清净土义，随识清净土清净故。

云何净土？谓诸如来清净国土，于此国土无那落迦、傍生、饿鬼可得，亦无欲、色、无色界系及诸苦受可得，唯清净僧于中止住故名净土。又此净土亦名佛土，于此土中佛为主故，余为辅翼及眷属故，如《佛地经》广说其相，净土有三：一法性土，二受用土，三变化土，初二唯净，后通净秽，如来三身所依止故。云何三身？一自性身，体常不变故；二受用身，此复有二，一自受用身，二他受用身，能令自他受用种种大法乐故；三变化身，为欲利益安乐有情示现种种变化事故。

虽净法界体性无别，而有三身种种异相转变不同，故有如是三名差别，如《成唯识论·第十》云："如来法身有三相别：一自性身，谓诸如来真净法界，受用、变化平等所依，离相寂然，绝诸戏论，具无边际真常功德，是一切法平等实性，即此自性亦名法身，大功德法所依止故。二受用身，此有二种，一自受用，谓诸如来三无数劫修集无量福慧资粮，所起无边真实功德，及极圆净常遍色身，相续湛然尽未来际，恒自受用广大法乐；二他受用，谓诸如来由平等智示现微妙净功德身，居纯净土为住十地诸菩萨众，现大神通转正法轮，决众疑网，令彼受用大乘法乐。合此二种名受用身。三变化身，谓诸如来由成事智，变现无量随类化身居净秽土，为未登地诸菩萨众二乘异生，称彼机宜现通说法，令各获得诸利乐事。”如是三身依止三土，初自性身依法性土，二受用身依受用土，三变化身依变化土，身相有别土随亦尔。

当知此中所谓土者，即佛最极自在净识为相，唯有识故，非离识外别有其土。谓法性土识实性故，自他受用及变化土识所变故，如前所说器世间相，异熟识变，非离识变能受用彼。今此净土，净识所变，道理亦尔。由是应知诸菩萨众、二乘、异生于佛所变彼彼净土，当自具足无漏或漏能观净识，乃能随应见彼他受用土及变化土，故契经言：若欲勤修严净佛土，先应方便严净自心，随诸菩萨自心严净，即得如是严净佛土。如见彼土，见佛闻法当知亦尔。今设譬喻，喻见佛义，如拍照者以镜照物，于照物时审谛视察，光若相值其影便现，若镜不明或光不值，虽物在前而影不现。诸佛如来久住世间，一切佛事无有休息，若诸有情伏断烦恼，常求亲近，由是修得随应福慧，诸佛身相即便现前，若不尔者，由诸烦恼为障蔽故，如不明镜，不求亲近无随应慧，如光不值，虽佛常住，是故不见。

然今有情于如是义多不信解，或有一类，由自及他不见佛故，谓实无佛，或佛已灭，及不见佛所变土故，执唯此土余土都无。如是有情，当知唯是烦恼弊垢之所缠覆，彼闻佛说尚不能信，何况见佛及见彼土。复有一类虽信有佛及佛所说，然不解义，不能引得如理分别，唯作是执，佛大悲愿、佛大神通，但发愿者皆令得见，我今发愿勤自策励，当能见佛及见彼土。如是有情当知唯是贪妄见取之所执持，于佛所说尚不解义，讵能见佛及闻说法？虽有有情谓自见佛放大光明，及彼莲华微妙香洁，当知唯是闻少分义，虚构熏习之所显现，非现量证，如《瑜伽》云：“无处无位，于如来所，不舍诤见、诤欲、诤心，若不开许而能正面睹于如来，无有是处，若舍若许斯有是处。”此中诤者谓即烦恼，如是有情既未多闻熏习智生，决定不能舍烦恼见及贪欲等，彼未舍故，无见佛义，亦不应说由佛开许，无由知故。

又不应说由愿力故佛应开许，虚自计度不决定故，然或有疑此所说义，应但称名唯心净土，非佛所说西方净土，以彼经中无是义故，如《阿弥陀经》言：“若有善男子善女人闻说阿弥陀佛，执持名号若一日、若二日、若三日、若四日、若五日、若六日、若七日一心不乱，其人临命终时，阿弥陀佛与诸圣众现在其前，是人终时心不颠倒，即得往生阿弥陀佛极乐国土。舍利弗，我见是利故说此言，若有众生闻是说者，应当发愿生彼国土。”此中要义，唯是发愿执持名号，一心不乱，而不说余严净方便、及舍诤见、诤欲、诤心。又《无量寿经》说法藏比丘四十八愿中言：“设我得佛，十方众生至心信乐愿生我国，乃至十念，若不生者不取正觉，唯除五逆诽谤正法。”此中要义，十念为因即得往生，亦不更说修余众行，由是故知此种法门，唯以发愿为其因缘，即能速疾横超三界而生彼土，不由三无量劫修集诸行而得成佛，以是彼佛大愿之所化故。

今依圣教当破此疑，前说净土不离唯识，非彼所谓唯心净土，彼说唯心约散意识所现影故，但假想故，此说识性及识所变名不离识，皆现量故，谓法性土即法性心，自受用土第八识变，他受用土第七识变，其变化土前五识变，如是识变皆智相应。

如《成唯识论·第十》云：“又自性身依法性土，虽此身土体无差别，而属佛法相性异故。”此谓身土即真如理，故二无别而属佛法，相性异者，谓以义相为身、以体性为土，以觉相为身、以法性为土故。

又云：“自受用身还依自土，谓圆镜智相应净识。由昔所修自利无漏纯净佛土因缘成熟，从初成佛尽未来际，相续变为纯净佛土，周圆无际众宝庄严，自受用身常依而住。”此之净土唯佛所知，尚非十地二乘境界，况非圣位有寻思者之所能知。

又云：“他受用身亦依自土，谓平等智大慈悲力。由昔所修利他无漏纯净佛土因缘成熟，随住十地菩萨所宜，变为净土。或小或大，或劣或胜，前后改转。他受用身，依之而住。”此之净土佛所变者，定唯无漏。菩萨见者通有、无漏。第八、五识唯是有漏，未转智故。第六意识或第七识，及彼所变，通有、无漏，圣道现前不现前故。

又云：“若变化身依变化土，谓成事智大慈悲力。由昔所修利他无漏净秽佛土，因缘成熟，随未登地有情所宜，化为佛土。或净或秽，或小或大，前后改转。佛变化身，依之而住。”此净秽土佛变唯无漏。余有情变通有、无漏。第六识及所变通有、无漏。余识及所变唯有漏。诸佛净土唯有尔所。及彼一切，皆不离识。余有情变，道理亦尔。随应彼识，漏无漏别，所见土相，亦各异故。

西方净土既为阿弥陀佛为化有情之所示现，当知唯是彼佛平等性智或成事智，大慈悲力之所变有及彼所变，应唯他受用土或变化土。于中生者，亦应唯有十地菩萨，或彼声闻独觉异生，如前道理皆应准知。依《义林章》，西方净土为他受用或变化土，有其二说：“一云准摄大乘，西方乃是他受用土，《观经》自言阿鞞拔致不退菩萨方得生故，非以少善根因缘而得生故。又说阿弥陀佛身量豪相如五须弥，非他受用，何容乃尔。又《观音授记经》云，阿弥陀佛灭度之后观音菩萨次当补处，十地大形说当补处，非他受用，是何佛耶？二云，西方通于报化二土，报土文证如前所说，化土证者，《鼓音王经》云，阿弥陀佛父名月上，母名殊胜妙颜，有子有魔，亦有调达，亦有王城，若非化身，宁有此事？故《观经》说九品生中有阿罗汉、须陀洹等，故生彼者通有三乘，其土通是报化二土，二释任情取舍随意。"今取后释，谓同此土若十地见即是报土，二乘等见即是化土，虽在一处不相障碍，漏无漏识随应现故。言十念往生者非谓十念即得往生，《义林章》说："《摄大乘》云：非唯由愿方乃得生，别时意故，如以一钱货得千钱，别时方得，非今即得。十念往生亦复如是，十念为因后方渐生，非由十念死后即生，为除懈怠不修善者，令其念佛，说十念因，生净土故。"

又《瑜伽论·七十九》说："清净世界，已入第三地菩萨，由愿自在力故于彼受生，无有异生及非异生声闻、独觉，若异生菩萨得生于彼。问：若无异生菩萨，即非异生声闻、独觉得生彼者，何因缘故，菩萨教中作如是说，若菩萨等意愿于彼，如是一切皆当往生。答：为化懈怠种类未集善根所化众生，故密意作如是说。所以者何？彼由如是蒙劝励时便舍懈怠，于善法中勤修加行，从此渐渐堪于彼生当得法性。应知是名此中密意。"此论所言清净世界谓他受用土，无异生声闻、独觉等故。言第三地于彼受生者，以第三地定增上故，理实初地亦得生彼，证法性故，然由此证佛说净土，应知密意。十念往生，道理亦尔。

又彼经言："不可以少善根福德因缘得生彼国。"应非唯愿即得往生，言善根者即五根、五力等。五根者何？一信二精进三念四定五慧，由五能生诸善法故，增上义故是名为根。云何为信？谓于诸法实事理中深信忍故，及于三宝真净德中深信乐故，又于一切世出世善深信有力能得能成，起希望故。云何精进？谓能断恶修善，性勇悍故。云何为念？谓于曾习所受令心明记不忘故。云何为定？谓观得失等境令心专注不散故。云何为慧？谓能简择德失等故。言五力者即前五根，由根增长力能屈伏一切烦恼，不为烦恼之所屈伏，故转名力。如是根力通漏无漏，皆是严净自心方便，由此能舍诤见、诤欲、诤心及修众行。自心严净故外感器界一切皆净，舍诤见等故，可能正面睹于如来，修众行故，能为积集福慧资粮。若不尔者，谓能见佛及生净土，无有是处，故前说义，此皆具有。由是应说善根福德为往生因，及发大愿为往生缘，若随阙一必不往生，因缘具足方感果故，不应谓佛具大悲愿，虽无如是善根福德为因，而仗佛力亦得往生，诸圣教中不许此故。若许此者，因缘道理、诸法性相皆失坏故，现见世间谷麦等物，非无自种而由士夫能令生故。又若无因，缘亦应无，以虽发愿无所资故，又所发愿不清净故、不自在故。又若唯愿，前文善根应云何通？不应唯取后句而为断故。若谓佛愿，唯除五逆诽谤正法，非要一切皆集善根。或除五逆诽谤正法，所余有情，善根本具，非要熏习积集方有，故唯发愿即得往生者，此亦不然。

一者违文，二者违理。世尊既说不可以少善根福德因缘得生彼国，不可言辞，非不决定，不应转换圣教，谓非一切，此违文过。言违理者，谓诸有情有多差别，或有一类先集善根，而由恶缘，今造五逆诽谤正法者，为造彼业善根即断，故佛愿中，说除此人不得往生。或有一类今虽未造五逆诽谤正法，而彼先时未闻圣教，未集善根，于佛愿中虽不说除，而理同彼断善根者，亦不往生。以二种人阙因等故，不应说除五逆等人，余诸有情善根皆具，此不定故，是故违理。

复次，前说由此法门，佛愿力故，能令有情横超三界者，理不应许。当知三界安住无量，不应计度上下重迭，竖穷为难，横超为易，计边无边，符外道故，佛不记故。然圣教中说清净土超三界者，非谓超过三界之外别有净土，以于此中所化有情三界摄故，若超界有，三界有情应不往生，超离三界无生死故，言西方者为令众生厌离于此，起欣彼心，故别指彼，而说是言。《义林章》云："随心净处即净土处，化土必随三界处所，任物化生即便现故。"古人于此种种分别，三界之外别有处所以为净土，理必不尔。所化必有异熟识在，异熟识在必三界摄，何得出界？由非界系言超三界，非处有别随所化故。

又前所说不由三无量劫，修集诸行而得成佛者，理亦不然。一切菩萨皆经三无量劫修无边因，乃能圆满证得佛果，不因彼土可减彼劫。《璎珞经》说："若上上精进，或转众多中劫，或有转多大劫，决定无转无数大劫。"释迦菩萨言超九劫、或十一劫、或十二劫，但说中劫非无量劫。若谓"刹那便经长劫"，如《摄论》说"处梦谓经年，寤乃须臾顷，故时虽无量，摄在一刹那"者，当知劫数时位差别不由计度而可增减，然由菩萨勤精进故，时虽久远谓如刹那，非谓刹那便减长劫，有违论意，故理不可。

由前教理，当知一切有情，于三界中展转生死，未断烦恼终不出离，未行难行终不圆证，虽或有情根有利钝，而在圣教无顿渐别，不应计度胜劣难易，妄情取舍，增长法执。佛说净土为令有情闻说是利，未具善根者速集善根。故世尊说："不可以少善根福德因缘得生彼国。"已具善根者令发大愿求生彼国，得不退转。故世尊说："若有人已发愿、今发愿、当发愿欲生阿弥陀佛国者，是诸人等皆得不退转于阿耨多罗三藐三菩提。"是谓此中所有密意，又于如是已具善根有情，说唯发愿十念往生亦不违理，非无因故，愿自在故，非余一切，求往生者应如是知，于诸圣教皆不相违。

成佛义第九

已辩净土，今次当说能成佛义。由纯净土，佛自在识随应变故。为令所化展转增上能成佛故。

云何名佛？《瑜伽论·三十八》云：“于能引摄义利法聚，于能引摄非义利法聚，于能引摄非义利非非义利法聚，遍一切种现前等觉故名为佛。”如是佛名随德立称，更有余名：为薄伽梵、如来、应、正等觉、明行圆满、善逝、世间解、无上丈夫调御士、天人师，皆是如来功德名号，一一差别义繁不述。非无如是十种功德而可称说十种名号，当知建立如是名号，为令有情随念功德，能修正行兴供养故。念谓明记不忘为义，非但称诵说名为念，性无记故、但随转故、无殊胜思相应意故。由是当知佛大菩提为不思议，超过一切寻思道故，为无有量，无边功德所集成故；为无有上，生成一切声闻独觉及与如来诸功德故。是故唯佛所证菩提，最上、最尊、最胜、最妙。云何菩提？谓略说二断、二智是名菩提。二断者，一烦恼障断，二所知障断。二智者，一烦恼障断故，毕竟离垢一切烦恼不随缚智；二所知障断故，于一切所知无碍无障智。

复有异门谓清净智、一切智、无滞智，一切烦恼并诸习气无余永害，遍一切种不染无明，无余永断，是名无上正等菩提。此中云何名清净智？谓由一切烦恼并诸习气毕竟断故。云何名一切智？谓于一切界、一切事、一切品、一切时智无碍转故。界有二种：一者世界，二者有情界，事有二种：一者有为，二者无为，即此有为无为无量品别名一切品，谓自相展转种类差别故、共相差别故、因果差别故、界趣差别故、善不善无记等差别故。时有三种：一过去，二未来，三现在，即于如是一切界、一切事、一切品、一切时如实知故名一切智。云何名无滞智？谓暂作意时，遍于一切无碍速疾无滞智转，不由数数作意思惟，依一作意遍了知故。

复有异门，谓百四十不共佛法及如来无诤愿智、无碍解等是名无上正等菩提。百四十不共佛法者，谓三十二大丈夫相、八十随好、四一切种清净、十力、四无所畏、三念住、三不护、大悲、无忘失法、永害习气、一切种妙智，此略举名，义如《瑜伽·建立品》中广说其相。

如是无上正等菩提谁能成就？如何成就？如《瑜伽论》广说次第一一应知，今略引述。谓诸菩萨要先安住菩萨种姓，乃能正发阿耨多罗三藐三菩提心；既发心已，方正修行自他利行；于自他利正修行时，得无杂染方便；无杂染故，得无厌倦方便；无厌倦故，得诸善根增长方便；于诸善根得增长已，能证无上正等菩提。又于如是自他利加行，无杂染方便，无厌倦方便，善根增长方便，得大菩提中。将修行时，先于甚深广大正法，安立信解；立信解已，访求正法；求正法已，广为他说。亦于正行，自能成办；于成办时，若由此于此为此应行，即由此于此为此而行；由此于此为此行时，如令福德智慧增长所应行者，即如是行；福德智慧既增长已，于不舍离生死方便能正修行；即于此中正修行时，能行生死无杂染行；即于此中正修行时，能于自乐行无著行；即于此中正修行时，能于无量生死大苦，能正修行无厌倦行；由于生死无厌倦故，能正访求种种异论，于一切论得无所畏；善知论已，复能了知所应为说、所可宣说，应如是说；由此智故善知世间；如是菩萨善知诸论及世间已，复能如理访求正法；既访求已，堪能善断一切有情一切疑惑；如是堪能断他疑惑，令自福德展转增长，福德资粮渐得圆满，令自智慧亦转增长，智慧资粮渐得圆满；二种资粮既圆满已，于谛行相菩提分法无倒修中能勤修行；于修方便能正了知，即持如是正勤所修回向大乘般涅槃果，不求声闻及独觉乘般涅槃果。既得如是方便善巧，能于一切菩萨语言听闻受持，依修力故于昔未闻所有诸法一切种相皆能辨了，于陀罗尼无碍辩才皆得圆满，为欲永断一切障故，精勤修习三解脱门。即于此中正修行时，为断自他一切颠倒增上慢故，勤修正行，如是能于一切种相正行圆满；如是正行得圆满已，于一切有情及声闻独觉皆为殊胜，所谓正行功德殊胜及可称赞功德殊胜；由得如是殊胜名故，当知获得诸菩萨相，诸相所相，成就其相。能成就已，正行坚固，于诸善品获得一向增上意乐。从此已上，故作意思受诸有生，于彼生处，常得值遇诸佛菩萨，及能起作一切有情诸饶益事，恒常无间蒙佛菩萨无倒教授，任持善品，领受殊胜证得分位；由领受故，于可称赞摄受殊胜证得分位，能正安处，如己舍宅；住此位已，能于后后殊胜分位一切种相觉慧升进，渐次乃至到于究竟，于其中间不生喜足，如是升进证得究竟，从此不求其余上地，已到究竟极边际故名得无上。如是次第、如是成就一切菩萨皆无超越，若有如理勤精进者，尚当经于三无数劫，何况懈废不如理者而谓速疾所能成办，定无是处。

如是道理皆依了义，非不了义，为此了义，于出要道明了开示，无迷惑故。若诸有情求大菩提，应于如是大菩提相得如实知，成就此相可名为佛，若未成就不应名佛。又成佛前菩萨地中，一一皆有渐次诸相，谓从初地何行、何相、何状乃至十地何行、何相、何状，若已得、若未得，若已圆满、若未圆满，若有退转、若无退转，如是一一应如实知。若能成就何地诸行相状乃可名为何地菩萨，若未成就应不名彼。又于菩萨地前胜解行住，若加行位、若资粮位亦有诸行相状应知，若成就者乃可名为加行菩萨、或资粮菩萨，若未成就不应名彼，如是乃至菩萨初发心相住种姓相，一一应知，道理亦尔。由是应说若无菩萨种姓相者，知无种姓，无种姓故不能发心。此不能故，何况说彼已住胜解、已备福德智慧资粮、已起顺抉择分加行；此不能故，何况说彼已入初地，证得清净意乐乃至十地，已得大法灌顶；此不能故，何况说彼已得阿耨多罗三藐三菩提。是故有情不应于此一一诸相，未得言得起增上慢，亦不应依起增上慢众所知识补特伽罗。论说菩萨以理为依，不依补特伽罗故，以彼补特伽罗不为如来及诸菩萨诸相所相故，诸异生位烦恼具缚，非少修行，可于现法圆满菩萨地义，次第而成佛故。故《瑜伽》说：“无处无位未具资粮，于现法中证学无学，究竟解脱，无有是处，已具资粮，斯有是处；无处无位未得圣道，能证涅槃，及证声闻独觉菩提，若证无上正等菩提，无有是处，已得圣道，斯有是处。”

立宗义第十

如前九义，已辩究竟，今更应说成立宗义。为今有情，于菩萨藏所有正法，不能乐闻受持读诵，法随法行。如来教义，多所隐没。像似正法，转得兴盛。于像似法，或自信解，或随他转。如盲引盲，增长邪执，衰损恼坏，深可悲悯。云何名为像似法耶？谓彼所有开示建立，但有虚言而无实义。又随意乐，有多相违。谓或现量相违，或比量相违，或自教相违，或世间相违，或自语相违。如是相违，若有随一，即便为失，况多相违！谁听闻此而能信受？然由有情自内贪妄所蔽。闻说此胜，能得清净，一切凡夫，慧唯钝浊，不应疑谤。由是随转，遂为见取之所执持种种计度，不能超越。虽多违理，不能思择。如是一一，展转相引，故得兴盛。诸有智者，应于佛说证成道理，善多思择。善思择已，于菩萨藏所有正法，能善观察，应可修习。于诸外道像似正法，能善观察，不应修习。如《解深密经》第五云："证成道理者，谓若因若缘，能令所立所说所标义得成立，令得觉悟，如是名为证成道理。又此道理略有二种：一者清净，二者不清净，由五种相名为清净，由七种相名不清净。

"云何由五种相名为清净：一者现见所得相，二者依止现见所得相，三者自类譬喻所引相，四者圆成实相，五者善清净言教相。现见所得相者，谓一切行皆无常性，一切行皆是苦性，一切法皆无我性，此为世间现量所得，如是等类是名现见所得相。依止现见所得相者，谓一切行皆刹那性，他世有性，净不净业无失坏性，由彼能依粗无常性，现可得故；由诸有情种种差别，依种种业现可得故；由诸有情若乐若苦、净不净业，以为依止现可得故；由此因缘于不现见可为比度，如是等类是名依止现见所得相。自类譬喻所引相者，谓于内外诸行聚中，引诸世间共所了知所得生死以为譬喻，引诸世间共所了知所得生等种种苦相以为譬喻，引诸世间共所了知所得不自在相以为譬喻，又复于外引诸世间共所了知所得衰盛以为譬喻，如是等类当知是名自类譬喻所引相。圆成实相者，谓即如是现见所得相，若依止现见所得相，若自类譬喻所得相，于所成立决定能成，当知是名圆成实相。善清净言教相者，谓一切智者之所宣说，如言涅槃究竟寂静，如是等类当知是名善清净言教相。善男子，是故由此五种相故，名善观察清净道理。由清净故，应可修习。如是证成道理，由现量故，由比量故，由圣教量故，由五种相，名为清净。

“云何七种相名不清净：一者此余同类可得相，二者此余异类可得相，三者一切同类可得相，四者一切异类可得相，五者异类譬喻所得相，六者非圆成实相，七者非善清净言教相。若一切法意识所知性，是名一切同类可得相。若一切法相性业法因果异相，由随如是一一异相，决定展转各各异相，是名一切异类可得相。善男子，若于此余同类可得相及譬喻中，有一切异类相者，由此因缘于所成立，非决定故，是名非圆成实相。又于此余异类可得相及譬喻中，有一切同类相者，由此因缘，于所成立不决定故，是名非圆成实相。非圆成实相，故非善观察清净道理，不清净故不应修习，若异类譬喻所引相，若非善清净言教相，当知体性皆不清净。”

应知此中证成道理，于五明处因明处摄。言若因若缘者，谓即因喻，此能成故。言所立、所说、所标者谓即是宗，此所成故。言令得觉悟者谓即悟他，能令敌者解所宗故。言清净相者即正比量。言不清净者即似比量。言此余同类可得相者，此谓所立，余非所立，同类通二。言此同类即此同品。言余同类即此异品。若此所立同类可得，此同品故可证所立。若余所立同类亦可得者，由余同类，此异品故不证所立，成非所立。由此因缘，或证所立、或非所立，故成不定，此当因明六不定中第三不定、或第五不定。言此余异类可得相者，此余同前。异类通二，言此异类，即此异品。言余异类即此同品。若此所立，异类可得，此异品故应非所立，不证所立。若余所立异类亦可得者，由余异类，此同品故，亦证所立，非非所立。由此因缘，或非所立、或亦所立，故成不定，此当因明六不定中第四不定、或第五不定。言一切同类可得相者，六不定中当彼第一。言一切异类可得相者，六不定中当彼第二，余文易知。

因明道理玄妙难究，然知邪正，舍此无由，故《地持》云：“菩萨求法，当于何求？当于一切五明处求。求因明者，为破邪论，安立正道。”《瑜伽·第十五》言：“云何因明处？谓于观察义中诸所有事。”所建立法名观察义，能随顺法名诸所有事，诸所有事即是因喻。为因照明观察义故，妙吉祥菩萨谓陈那菩萨曰，为广利益者，当传慈氏所说《瑜伽论》，匡正颓纲，可制因明，重成规矩。陈那敬受指诲，作《因明正理门论》。正理者诸法本真之体义，门者权衡照解之所由。门人商羯罗主以旨微词奥，恐学难穷，乃综括纪纲而为《因明入正理论》，谓由此论能入《因明正理门》故，如是等论皆应修学。今诸有情于如是义多未穷讨，故昧正理无所权衡。谓如有一或取正法少分道理，随自计度执为最胜，即此最胜标名为宗，如是名宗，当知非理。所以者何？宗名所立，因喻名能立，非无因喻而可成宗，无能立故亦非因喻，不离诸过而可成宗，有过因喻非能立故；又于所立，亦非有法及法，随一或俱有不极成而说名宗，所依无故。又五相违亦不名宗，一现量相违不名为宗，乖正智故。二比量相违不名为宗，乖道理故。三自教相违不名为宗，无凭据故。四世间相违不名为宗，非共知故。五自语相违不名为宗，义乖角故。又义相符不名为宗，无所诤故。又立宗者对敌申自，非无敌者而自申宗，无所对故。今彼所立、所说、所标，或无因喻，或有因喻而不离过，何成为宗？又于所立，有法及法随一或俱有不极成，或五相违、或义相符、或无敌对，如是等类，何名为宗？是故非理，故《瑜伽》云："问：以谁为先，谁为建立，谁和合故，何法成耶？答：所知胜解爱乐为先，宗因譬喻为建立，不相违众善抗论者为和合故，所立义成。"诸立宗者，应如是知。

后序

秋间日本水野君来华，言今岁十一月，将开东亚佛教大会于东京，为集我佛法中诸大耆宿及诸名流，将所以谋佛法之弘布，使我人类获利益安乐。苟非大悲愿，其孰能致之！诚盛事也！将见觉日明星成为光华灿烂之世界，欧美风雨化为凉飙甘露之乐法矣。清净不敏，闻法之日浅，且慧钝浊，未能淹贯，正发愿修学不预外事。乃承水野君见招，并言日本诸大名刹秘藏法宝甚富，自唐以来流入写经，皆无残佚，地震大灾独获保全。开会期中正值曝经，愿为介绍一一参观，如须钞写或拍照者，亦愿尽力助成其事。意甚殷笃，愧无以答，故成十义，勉为贡献，非谓有得，聊表所知云尔。犹有请者，《瑜伽论》云，文为所依，义为能依，甚深微细真实法义，若无随顺相应名句而为宣说，义不能显。今所说义皆宗法相，故为名句不越所宗，犹如世间一切学术，有其专名乃能解了，此中道理亦复如是。由是应知，若以世间学术名句解佛法义，彼终不能超越学术思想，而谓能解佛法道理，无有是处；如是若以佛法名句解彼学术，亦终不能超越佛法思想，而谓能解学术道理，亦无是处。以二种人皆未解脱言说相故，虽于其中可有少分相似道理，为近取譬，然不善巧，转为余分间杂牵引，不生正解；非于五明处皆得善巧菩萨，善知诸论，善知世间，不易融贯，随机应说。今佛法中有几善知世间者？及世间中有几善知诸论者？彼此言辞互不极成，宁容相滥！是故不应于佛法中牵附彼义，和合而转，所和合义不清净故，例如因明与论理学义若相似，而实有别。佛法因明唯在悟他，非以斗诤为究竟故，何况无上甚深法义，由假言说显离言相，世间学术皆随一切言说而转，义不相似讵可筹比？希望大会诸同法侣，于此幸加察焉！

论文

唯识者何？

唯识二字，是什么意义呢？识即是心。然从了别的意义而言，又名为识。因为心所知的境界，有种种不同的现象，说名为别。其能知的心，也便随此不同的现象，说名了别。了别二字，原本说心，然是从境假立的名。例如所见的色，所闻的声，所嗅的香，所尝的味，所触知的寒暖等等，以及心中构画而起的种种对象，都说为境，以是心所游历的境界。现象都是各别不同的，因此不同的缘故，便将能知的心，划分出来，说有八种，所谓眼识，耳识，鼻识，舌识，身识，意识，末那识，阿赖耶识（名如后解）。从眼识至意识，通说为前六识。以其最粗显的缘故，是为人人所能知的，所以先说。次末那识，说为第七识。后阿赖耶识，说为第八识。以这二种，是最深细的缘故，是为人所难知难信的，所以后说。这种排列的次第，不过强以粗细为其先后罢了，不是决定要如此的。

识字已解，唯字是何意义呢？唯字，是遮简的意义。遮简，是语言中一种作用。语言的作用有二，一是表诠，二是遮诠。凡是所应说的道理，便用表诠表示出来；凡是所不应说的道理，便用遮诠简别出去。如说某一种色，是青，是黄，是赤，是白，或不是青，不是黄，不是赤，不是白。凡说“是”字的方面，都为表诠，凡说“不是”字的方面，都为遮诠。余可类推。现在说的唯识二字之中，也有表诠与遮诠二种作用。识字便是表诠，因此表示许有内心的道理；唯字便是遮诠，因此遮止不许有外境的道理。二字联起来说，便是于表有内心之中，隐含遮无外境的意义。

因何不许有外境呢？吾人现见的山河大地，都是心外的境界。若有山河大地的处所，便见其有，若无山河大地的处所，便见其无。这山河大地，是随处所有无的，不是随心有无的。因何不许心外有境呢？这种道理，是最极复杂的，不是简单的几句话所能解说明白的。今且略略的说一下。在佛法的教义中，说有六根六境六识，各各作用的界限是极分明的，所以名为十八界。这十八界的道理，是最究竟最圆满的。六根是什么？就是眼耳鼻舌身意。这六种能为识所依止的处所，又能为识生长的门户。识生之时，此能与彼有增上的势力，故名为根。六境是什么？就是色声香味触法。这六种识所游历的处所，故名为境。六识是什么？就是眼耳鼻舌身意六识。这六种是从所依的根而立名。若是从境立名，也可名为色识声识香识味识触识法识。这根境识三种的关系，是最极密切的。根境二种，都有生识的功能。若是所依的根坏了，或是境不当前的时候，识便不能生起了。譬如盲目的人，不能见色，聋耳的人，不能闻声。就是因为眼根耳根坏了的缘故。眼耳二根，既是如此，所余的四根道理亦同。又如过去已经灭坏的境，或在未来生起的境，以及远在他处或为其他障碍的境，都是不能看见的，就是因为境不当前的缘故。这是泛论根境识三种相互的关系。若再分析起来，各的根对各的境，为各各识的所依所缘，是不容有羼杂的。譬如眼根坏了，眼识也不可能以其他不坏的根为依而见色境。或是色境不当前的时候，眼识也不能以其他当前的境而为所见。这种事实，是最极明显的。所以何种根为何种识所依，何种境为何种识所缘，这种道理也应该是有决定的。根据此理，再来论山河大地，是为何种识所缘的境呢？

山河大地，是吾人于所见的实物上给他的一个假名。这个假名，但为意识所缘的境，不是其他的识所缘的境。因为意识缘境的作用，比较其他的识，是特别的广大。无论境的若假若实，若有若无，意识都能缘得到的。又与意识相应的想心所，也是特别明利的。凡是境象的大小广狭，以及其他无数的分量限度，这想心所都能比拟构画出来，如绘画似的，令于自心上有一种相似的相貌当前显现。这一种相貌，但是与实有的相似罢了。不能将这相似的相貌即说为实有。凡是一切物的假名，都是依这非有似有的相貌而安立的。这一种相貌的境只是因名而起的心境。因为非有似有的缘故，是最易令人生起迷惑的。佛法的根本主义，正是因为要打破此种的迷惑。所有根本的法相道理，都是打破此种迷惑的善巧工具。除了此种善巧工具而外，是决不能打破此种迷惑的。世间的人，无论何等的聪慧，终是为名言所迷惑的。于此种迷惑的原因，尚不求解，那有打破之一日呢？

吾人自闻山河大地假名以后，便依假名起了一种实想，以为山河大地，是实有的物。又或以为山河大地的名，是依实物而说的，这种言说，不是荒诞无稽之谈，那能说山河大地唯识假名呢？须知一切的名，都是假的。不应分别依实物的名是实，不依实物的名是假。什么道理呢？因为实与不实，是物一方面的差别。在名一方面，是无此差别的。譬如火是一种实物，以其能烧燃的缘故。所说的火名，便无此烧燃的作用了。这个火名所依的火，虽是实物，而以其无烧燃的作用，便不同于实火了。岂能说这火名，也是实有吗？依实物的名，尚且不实，不依实物的名，更不必说了。所以说一切名，都是假的。或有人说依实物的名，若都是假，何以某一种名说某一种物，要有一定的限制呢？须知名是依物而立的。吾人对于某一种物，有种种的观察不同。由有种种的观察，可于一个物体上，安立若干种名。譬如江淮河汉，都是水的别名。峰峦岭岫，都是山的别名。若许名称其实，一个物体上，那容有这许多名呢？不过立这许多的名，都是要观察这个物体上所应有的义，不是漫无限制罢了。其实何尝有一定呢？须知所说这应有的义，是由观察所得的，是由心想所起的，都是意识所增益的。这义不是实有的物。实有的物，是要离了意识的增益，方能求得到的。这义既不是实有，依义而立的名，当然亦非实有了。所以说一切名，都是假的。

根据前说的道理，名是依义而立的。义是观察所得的，是心想所起的，都是意识所增益的。山河大地，也是名。这名也是依义而立的。这义也是观察所得的，也是心想所起的，都是意识所增益的。所以说这山河大地的名，但为意识所缘的境。吾人闻了这个假名，若能知是意识所增益而立的，便知是假，便不为名所迷惑了。不应于这个假名上，反生一种实想。有此实想的人，都是不能明白名是意识的境，及其真实道理的缘故。

复次这山河大地的名，既然是假，而这假名所依的实物，究是何种物体呢？这种物体，既不是如名言所说的有一整个的山河大地，而这山河大地的名称，究依何种物体而有的呢？今欲解决这个问题，要先将一切物的实有假有，划分界限，方有一定的判断。有了判断，方好解决。这个界限如何划分呢？就是一切待名言的物，都是假有；一切不待名言的物，都是实有。待是对待之义。对待名言，方能觉知的，说为待名言的物。不对待名言，而即能觉知的，说为不待名言的物。例如吾人所著用的衣服，因有蔽体的作用，遂假立这衣服的名。其实衣服，还是布帛。衣服的意义，是待名言方能觉知的，所以衣服不是实物。又这布帛，是由丝缕而成的，布帛也是一种假名。丝缕，是由微少的物聚集而有的，丝缕也是一种假名。这布帛丝缕的意义，也是待名言方能觉知的，所以布帛丝缕都非实物。以这一切的名，都是吾人心想所造的缘故。若是离了这心想所造的名，而有为吾人所知的物，这一种物，方可说为实有。以其不待名言，就能觉知的缘故。例如色是为眼识所见的，声是为耳识所闻的，香是为鼻识所嗅的，味是为舌识所尝的，坚湿暖动是为身识所触的。这一切的物，都是不待名言就能觉知的，所以说为实物。当婴儿的时代，有所见而不知为色，有所闻而不知为声，以及有所触而不知坚湿暖动，就是离了色声等的名言，而有所见所闻等的实物。到了成人以后，既闻色声等的名言，便于所见所闻等的实物上，有了名言的夹杂。久而久之，这所见所闻的实物，便与假名的界限混合不分了，以为所见所闻的，就是色声。不知所见所闻之中，有待名言的色声，有不待名言的色声。待名言的色声，说他是假；不待名言的色声，说他是实。这假与实的界限，是最极分明的。色声的名言，不过是所见所闻的一种符号罢了。那容说这所见所闻的实物，就是色声的符号呢？

一切物的假实界限，既经划分清楚了，有了一定的判断了。今再解决山河大地的问题，究依何种实物而有这种名称呢？就是吾人所可见所可闻所可嗅所可尝所可触的种种物，都是不待名言的，都是分别显现而可得的，可以说为实物，为山河大地假名的所依。离此以外，无别分明显现可得的实物，所以不说其余的物，为山河大地的名之所依。因为吾人依这可见可闻等的实物，从自心上比较对待虚拟构画，起了种种不同之想，或名为山，或名为河，或名为大地。其实都不外这可见可闻等的实物。若是这可见可闻等的实物坏了，这山河大地的假名，也就随着消灭了。因为这个道理，所以说山河大地，唯是假名，所依的实物，唯有色声香味触，是分明显现可得的实体。这山河大地的假名，唯是由于自心上一种高下动静的不同之物。所以山河大地，但是实物上的一种名言，是内心所分别的境，不是心外实有的境。

山河大地的假名，说是由内心所分别的境，可许不是心外实有的物。然而这山河大地的假名，既有所依的实物，这所依的实物，又不是内心所分别而有的，这岂不是外境吗？因何唯识的道理，决定遮止不许有外境呢？须知山河大地所依的实物，就是色声香味触种种对象。这种种对象虽然似是在外分明显现的，却是随有情的识差别而有的。我们人类所能觉知所能受用的境，在其他种类的有情，不必能觉知能受用。其他种类的有情所能觉知所能受用的境，在我们人类，有未必能觉知能受用。世间现见的鸟兽虫鱼，与我们人类觉知不同受用不同的实例甚多，不必列举。若是这色声香味触种种对象，实是心外的境，因何随有情的识不同，而有种种差别呢？既是随识不同，而有种种差别，还是不能离识而有外境。例如吾人戴着红色的眼镜，便见外物皆成为红，若是戴着黄色的眼镜，便见外物皆成为黄。这些红黄的颜色，虽似在外分明显现，然却不是决定在外的。若是所戴的眼镜，改变了颜色，这些在外的颜色，也就改变了。有情的识，种类不同，正如戴眼镜一样。随识而有的种种对象，正如随眼镜而有种种的颜色一样。所以唯识的道理，决定遮止不许心外有境。

前说色声香味触种种对象，都是实物，都不是内心所分别而有的，今何又说随识不同，而有种种差别呢？须知前所说的内心，是专指第六意识而言。第六意识所缘的假名，原本是无，但由分别变现似有，所以说假名，是由内心分别而有的。色声香味触，既是实物，便不同于假名，不唯属于第六意识所缘的境，所以说不是内心所分别而有的。后所说的随识不同，这个识字，是指第八识与前五识而言。第八识的生起，唯是随业力而转的，是任运而无分别的。什么是业力呢？就是由于前前世意识能分别的缘故，便有种种的造作，说名为业。这种种业造作的时候，有一种特别的势力，击发在第八识中。第八识为所击发的缘故，便为种种的业力所熏染了。自此以后，这熏染的势力，常常在第八识中辗转不绝，说名业种，谓如种子有能生果的意义。到了今生，随得一种有情之身，皆是业种所生的果。随一有情身中，又有随类不同无量的业种。若是这一身中业种尽了，这一期的有情身，也就不能刹那存在了，犹如油尽灯灭的道理一样。又这身中所有的业种，在前前世击发熏染的时候，随是何等的取相，到了今世业种生果的时候，还是同前随是何等相的生起，犹如照像翻板的道理一样。我们今世所现觉知所现受用的色声香味触的种种对象，都是从各自种子而生起的，都是依第八识相续不断的，所以说色声香味触种种对象，都是实物，都是随有情的识不同，而有种种的差别，决定遮止不许心外有境。

前说色声香味触种种对象，是为眼耳鼻舌身五识所见所闻所嗅所尝所触的境，今何又说随第八识的业种不同，而有种种差别呢？须知第八识的业种，是随得一有情身的总果之因。由此业因，积渐的日子多了，如种成熟，便能感得一有情身的总果。有了这个总果，又渐渐由业种的差别，转变生起眼耳鼻舌身五种色根。这五种色根，是依第八识而生的，又由第八识为依的缘故，这五种色根，不致有时坏烂。自从生起这五种色根以后，渐次渐次的圆满，便有二种作用。一种作用，是于第八识总果所变的色声香味触种种的对象，能为各各的观照，成为各自的境界，就是如前说的眼能见色，耳能闻声等。还有一种作用，就是能为眼耳鼻舌身五识的所依。由此五种色根为依，眼耳鼻舌身五识，方能各各缘得各自的境。若是根坏了，因为不能为依的缘故，五识便不能缘境了。此种道理如前已说，譬如盲目的人不能见色，聋耳的人不能闻声等。因为这种种的道理，这色声香味触种种的对象，根本上是随有情的第八识变现来的，五种色根，不过于这五种对象能为各自观照罢了，如镜照物一样。有了这五种色根，能各自观照的作用，眼耳鼻舌身五识，依之而又变为一种影像，于这影像上，便生筹虑，说名缘境。这缘境与照境的作用，显然不同，缘境是有筹虑的，照境是无筹虑的。这是根与识二者的差别。所以说色声香味触种种对象，是随第八识及前五识而有的。以其不是随第六意识分别而有的缘故，所以在这一有情身总果相续存在的期间以内，凡是肉身所见所闻等的对象，常是坚住不动的。又以这种对象恒常坚住的缘故，所以以目遇之而成色，耳得之而为声。这色与声，虽似在外，而实为第八识所变现而来的。凡是同类有情的第八识，就能觉知能受用同类的境，若不是同类的有情，第八识所变现的境，就不一样了。所以唯识的道理，决定遮止不许心外有境。

由上所说根境识的道理，及一切物假实的界限，与夫种种的辩难分析，应当知道山河大地，唯是假名，唯是第六意识所缘的境，何尝有个现见的山河大地呢？又这个山河大地假名所依的色声香味触，虽是实物，虽似在外分明显现，却是为第八识所变现的，及为前五识各自所缘的，何尝离识而别有外境呢？吾人不依佛说的教义，妄自揣想真实的道理，是万揣想不到的。何不于这佛说的教义，切切实实的去研究呢？

《瑜伽师地论披寻记》叙

净自闻法以还，初读《俱舍》，继研《唯识》。《俱舍》以《光记》《宝疏》为归，《唯识》以慈恩《述记》为准。一名一句，务得其诠；一义一量，务得其旨。习规矩于步趋，衡是非于智解。乃知佛法文字，不同世籍。得鱼固要忘筌，废筌亦不能得鱼也。然如世籍，无义无利，不外绮语、戏论，则非吾人所当习矣。吾国佛法，号称十宗，入主出奴，各执己是。究其实际，随时随地，各有变迁。而吾国人之所信受者，终不越乎吾国固有儒道沿袭之见。纵或援引佛典名字，不无非义为义，标榜附会之嫌；纵或传译佛教经论，不无非法为法，矜奇好异之弊。求如《俱舍》《唯识》，文显义圆，明了易解者，渺不可得矣。

然《俱舍》教义，不通大乘，《唯识》精旨，遮无外境，犹不足以窥大乘全体大用。民国十三年，净因离家居，避静平西房山云居寺，与芾煌居士同时发愿研究《瑜伽师地论》，欲以弘扬真实佛教精义，而苦不得要领。古疏中《略纂》《伦记》等皆不足以为研究之资。匪唯义不能详，甚且文莫能解。门犹不入，室何能窥？乃知此论传译虽久，研讨无人。间或涉猎，乌能有得！科判不分则统系不明，解释无据则义理无当。遂乃致力精研，发愿以三万小时为期，文义务求润洽，前后务求贯通。不惑虚言，但征实际。稔知平昔所闻于各宗者，因多以讹传讹，而有扞格不通之弊，即《成唯识论》十大论师所引《大论》，亦自各引异文，附成己意，讵免顾此失彼之嫌。自非熟读《大论》者，盖难详知其故矣，何暇与人诤论得失耶？嗣因时局战乱突起．兵匪扰害地方，芾煌居士强余回平，辟地造屋以居之。继乃创建三时学会，以为学子研讲之所。约集同侣，朝夕相从，佛法真义，得以日昌。

不幸国都日迁，倭氛告警，同侣日以星散矣。乃与芾煌居士整理《大论》，厘句读、立《科判》，以为读本。三易其稿，纲领次第，始得井然。释文义以为《披寻记》，前后披阅，始得贯通。自二十六年九月始，迄三十二年一月终，五年之间，寒暑无辍，幸得竣事。《大论》端倪，略具梗概。乃复发见文句舛误者固多，章节错简者亦有。非唯传写之讹，亦乃原译之失。推厥所由，其源远矣。兹略择举一二，以明其失。

如"抉择分"中"思所成慧地"所举差别各法内，有所知、所识法，应置所缘法前，而竟漏略不及；内无三苦性，而反增入无因。至所漏略所知、所缘诸法，发见妄列"抉择分·声闻地"中。此则章节错简，毫无疑义者也。披文勘校，尽人能知。初则以为传刻之讹，继乃知为梵文之误。《大论》卷一百，二十页云："复有十智，能觉一切所知境界，谓法智、类智、世俗智、他心智、苦等智、尽、无生智。此广分别，如'声闻地'。"然此十智分别应属"抉择分·思所成慧地"，皆是所知法差别，不应列入"声闻地"中。当知译本错简根据梵文。不然，何故前后同一讹误？古昔诸德皆未校正，翻译诸师亦未深察，可知从事研究《大论》而能披文寻义者，古今中外不易多觏矣！

又，《大论》“本地分·菩萨地”中，分列“初持瑜伽处”“第二持随法瑜伽处”“第三持究竟瑜伽处”“第四持次第瑜伽处”诸品，不知何所依据？“菩萨地”初嗢托南曰：

初持次相分，增上意乐住，

生摄受地行，建立最为后。

长行释云：“持有三种：一为堪任性持，次为行加行持，后为圆满大菩提持。”皆为初持所摄，次后皆不名“持”，何可分为第二、第三、第四诸所持相？译本当亦根据梵文，定非弥勒菩萨所说。此则论文中间义不容有者也！翻译诸师沿袭增入，岂非随自意解，与《论》相矛盾耶？

净自揣愚陋，不敢谓为无失。然依论文前后互相印证，披寻有据，不托空言，犹如老马识途，岂竟茫无觉。爰即发愿，拟设清净瑜伽馆，并成立董事会，筹集资金，培植学子，以副造百论师，弘扬《瑜伽》之旨。而芾煌居士先已物故，能无慨然！乃事变告终，瞬将三载，而人心日非，生计日迫。虽欲闻法，谁复有暇？虽识奥旨，谁肯精研！前所发愿造百论师，弘扬《瑜伽》，诚恐将成泡影矣。

然以弘法之愿，不在一时。佛亦说法，真理常住。今日世界潮流推崇主义，非唯厌故喜新，实欲兴利除弊。然其终也，适得其反。强不同以为同，挟非是以为是。有乖事理之真，不顺自然之则。人心演变，各自为利，驯至武力相抗，酿为战争。揆厥初因，能无矛盾？可慨也夫！益信佛法真理，不重言说，纵有言说，唯在解义。平等自由之旨，会之于心，当无是非得失之辩。未见其利，先蒙其害，苟有智者，幸深察焉。

朱芾煌《法相辞典》弁言

欲究佛典须研法相，今辨其义有三最胜：一方便最胜，二真实最胜，三施设最胜。此复云何？

《显扬》颂云“诸佛说妙法，正依于二谛。一者名世俗，二者名胜义”，如是二谛摄一切有为、无为法尽，是名为法。此一切法略有自相、共相、因相、果相乃至广说有无量门种种差别。诸佛于此施设无倒，善巧宣说，是名法相。诸佛弟子以此为依，无有违逆，乃能于诸佛典，言善通利、意善寻思、见善通达。《瑜伽》《显扬》谓至教量略有三种：一圣言所摄，二对治杂染，三不违法相，即谓此也。

云何名为不违法相？彼《论》又云：谓翻违法相当知是名不违法相。何等名为违法相耶？谓于无相增为有相，如执有我、有情、命者、生者等，或断或常、有色无色如是等类；或于有相减为无相；或于决定立为不定，如一切行皆是无常、一切有漏皆性是苦、一切诸法皆是无我，而妄建立一分是常一分无常，一分是苦一分非苦，一分有我一分无我。如是于佛所立不可记法一向记别。又复推求谓应立记，或于不定建立为定，如执一切乐受贪所随眠，一切苦受嗔所随眠，一切不苦不乐受痴所随眠，又执一切苦乐皆是有漏。思已造业唯受苦报，如是广说一切法中无差别相建立差别，有差别相立为无别，又不如理立因果相，又复颠倒立染净相或假实相，如是等类名“违法相”。翻此违相名不违相，是为至教。

今佛世尊久灭度已，更无法住随转补特伽罗，谁正说法、谁正教授、谁正教诫？唯俗正法犹住未灭，诸聪慧者依此法相善自寻思、善自觉了乃能无倒善持三藏。遇有补特伽罗为说法时，彼所说法于素怛缆若顺不顺唯依法相可资检验，于毗奈耶若现不现唯依法相可资显照，于诸法性若违不违唯依法相可资观察，所以者何？以此法相于三藏中名“摩怛理迦藏”，于十二分教中名“论议分”，谓能无倒分别诸法体相，依此善释诸经义故。《瑜伽八十五》云“为欲抉择如来所说如来所称所赞所美先圣契经，譬如无本母字义不明了，如是本母所不摄经其义隐昧义不明了”，与此相违义即明了，是故说名摩怛理迦。由此道理故知法相为胜方便、有胜作用，应善寻求、应善抉了，是名方便最胜.

复次，当知一切法相皆待自心施设而有，若离自心无别法相，是故法相即是心相，心有染故染相可得，心有净故净相可得，如是心有二十种，谓有贪心离贪心、有嗔心离嗔心、有痴心离痴心乃至广说善解脱心不善解脱心如应当知。如是诸心或染或净要由心法相应差别而成，心法染故令心成染，心法净故令心成净，如是心法亦二十种，谓若贪、贪毗奈耶法，若嗔、嗔毗奈耶法，若痴、痴毗奈耶法乃至广说若善解脱不善解脱法，如应当知。如是心及心法云何知耶？《瑜伽五十一》云：谓心清净行苾刍，由三种相遍知自心，一杂染爱乐相、二杂染过患相、三杂染还灭方便善巧相，谓彼苾刍作如是念：今我此心于诸杂染长夜爱乐，自知此已便从贪等杂染性出，于离贪等诸清净性安止其心。然于尔时，其心于清净性不能安住亦不爱乐更无异缘，唯有速疾还来趣入流散驰骋杂染性中，是谓遍知自心杂染爱乐相。如是知已复能遍知自心杂染过患相，谓作是念：今我此有贪等诸杂染心，能为自害、能为他害、能为俱害，能生现法罪、能生后法罪、能生现法后法罪，又能为缘生彼所生身心忧苦。由有如是诸过患故，复更有疫、有横、有灾、有恼，是谓遍知自心杂染过患相。此既知已，复能遍知自心杂染还灭方便善巧相，谓我今不应随自杂染有诸过患、有疫、有横、有灾、有恼心自在转，必令自心随我势力自在而转，如是知已，数数思择，令有染心舍杂染性，于净性中安住爱乐。又复于彼见胜功德，尔时其心不由思择，于常勤修习诸善法中自然安住爱乐，于前杂染爱乐性中深生厌责。由是因缘，心清净行苾刍，速能证得无上心清净性，所谓诸漏永尽。由此道理，故知法相是谛是实，如说修行自义不失，应善通达、应善证入，是名真实最胜。

复次，法相于大乘中名了义教，以显了相，说诸法要，易可通达。若善男子或善女人于此法相了义言教，闻已信受、能生胜解、如理思惟乃至能以修相发起加行善作究竟，非如一切不了义经以隐密相转正法轮难可了知、难可晓悟。若有听闻如是法已，虽能恭敬供养、受持、诵读，然于甚深密意所说言辞不能通达，是故未能多生胜解乃至未能以其修相发起加行。或复于此密义言教未通达故妄自寻思、妄兴诤论，有其种种意解，别异意解、变异意解可得。了义言教则不如是，诸佛语言第一甚奇最为稀有，无上无容是真了义，非诸诤论安足处所，如《解深密》广说其相。又了义教文巧义妙词句圆满，具四道理摄一切义，有标有释次第而说无少杂乱，有遮有表具足而说无少缺略。又善成立随顺无违，又善释难随顺会通，善入众心、善顺瑜伽。由此道理故知法相胜善施设，易可解了，不可制伏，无有诘诤无有疑难，应谛听闻应善恳到，是名施设最胜。

法侣朱君芾煌研习此学历十余载，习知法相为诸贤圣所必由，为大小乘所共具，闻思修慧以此为因、以此为缘、以此为依处、以此为建立。舍此方便谓能令彼生起增长及能成办一切诸胜功德，无有是处。然其义门无量名句繁广，称量、称理、记别匪易。爰搜集大小乘教阿毗达磨所摄贤圣语言萃成一编名曰“法相辞典”。由此为依若于正法及毗奈耶未能如应训释名言者能正随顺训释名言，未能如理分别诸法体相者能正随顺分别诸法体相。由是因缘能生三觉：一语义觉，二事边际觉，三如实觉。由能训释名言，寻思如是如是语有如是如是义故起语义觉；由能分别诸法体相，复有二种，一者自相，二者共相，分别其事及自相故起事边际觉，分别共相故起如实觉。一切所知唯有尔所，所谓语义及所知事尽所有性、如所有性。“尽所有性”者谓诸杂染、清净法中所有一切品别边际，即事自相；“如所有性”者谓即一切染净法中所有真如，即事共相。寻思如是事自相时应以算数形相善巧方便算计诸法，如五数蕴、六数内处、六数外处，如是一切不减不增；寻思如是事共相时应以称量行相，依正道理观察诸法功德过失。“道理”有四：一观待道理，二作用道理，三证成道理，四法尔道理，广如《瑜伽二十五》说。

诸佛语言，施设虽多，然约行相皆此二摄，今此辞典所集名句虽依字数画数以为先后，但顺世俗，为易检查更无意义。若为闻思作方便时亦应以其二种行相思惟一切、观察一切，由是因缘，能遍了知一切所知境界，所谓事边际觉及如实觉，非唯依此训释名言起语义觉即为究竟。如是寻求、如是观察，功无唐捐、行无失坏。彼以法相难入易忘生怖畏者，由怖畏故无觉了欲，亦于如来所未生净信，有此方便，应可除遣、应可生信，诸有智者当共许之。清净识。

世间三大势力

世间万事万物万类差别尽人所能见、尽人所能闻乃至尽人所能觉知者，而于其中静审观察，实有尽人所不见闻乃至尽人所不觉知、潜隐随逐不可屈伏之势力。由此势力，世间万事万物万类皆为毒染，令渐败坏。任何世间若智若愚、贤善不肖皆此势力所转，不能转此势力。然由是故，宗教家或认此势力为有唯一之主宰，或道学家认此势力为无上道法之自然，此二种人一则由信主宰故而迷不净道理之邪执，一则由信自然故而执不切事情之空想。转使世间迷苦为乐，执空为有，颠倒是非无过于此。无怪为诸世间所不信乐，所不赞许。以诸世间万事万物，或由现见现闻而知为有，或由能觉能知而比为有。决非不由现知，或不比知，而说唯一便实唯一，而说无上便为无上。徒托空言，无实道理。彼亦为此势力所转，不能转此势力。由此故说此种势力，在世间一切事物中，极为潜隐，常时随逐，不可屈伏。世间道理，从未有能发见研求，故说尽人所不见闻，乃至尽人所不觉知。其实此种势力，潜隐随逐，虽不见闻，而其道理，静审观察，非不觉知。

鄙人今于大会期中提此问题，愿共诸君研究。然此问题，道理繁细，非短时间所能解了。今且述其大略，请诸君注意。势力为何？尤其三种：一者名言势力，二者业势力，三者我见势力。世间一切万事万物万类差别皆随此三势力而转。

名言势力者，谓诸世间种种事物皆为名言之所诠表。既为诠表，便为名言之所随缚，虽欲求善而不可能。例如往昔所称道德学行，其事未尝不善，而今则五尺童子皆鄙为非矣。与夫近代所诩平等自由，其事未尝不善，而今则举世骚然皆蒙其害矣。何以故？名言势力随缚之所致故。道德学行其事虽善，而为名言之所诠者终非道德学行之真。平等自由其事虽善，而为名言之所诠者终非平等自由之实。如是名言非真实故能掩事相。初诠表矣毒染随生，由此毒染故能为缚，由能为缚终至败坏。千古一辙可为观察。是故名言虽有少分诠表之用，而其势力多分能掩真实事相、令不得显。诠表愈多，事相愈远；诠表愈相似，事相愈微隐。此中道理，极难思议。征之事实，无爽毫厘。除此而外，非有天演能为淘汰，非有时变能为乖角。若作是说，皆迷执类。今试更举一事以明之。例如有人于瓶瓯等，若初未闻瓶瓯等名，而时但随瓶瓯等物，如有相以慧观察。或察其色，或察其声，乃至或察所触，为粗为细、为滑为涩、为坚为软，如是觉慧不离事相。及闻名已便舍此觉。随彼说者所取何义安立之名，差别而转。如所取义依其形状，由有大小长短等别，或名为瓶，或名为瓯，彼便随其形状差别而转。若所取义依其受用，由有受盛饮食等别，或名为瓶，或名为瓯，彼便随其形状差别而转。如是转时，于瓶瓯等何色何声，乃至所触为粗为细，为滑为涩，为坚为软，皆不观见。是即名言随缚势力所致。此事虽小，可以喻大。又瓶瓯等，现见粗显，尚为名言势力所掩。何况所余若事若理，微细难见，而谓名言能诠彼相，宁有是事？由是当知名言作用有其分限。若善为说及善听闻，乃不为掩及为彼缚。然此甚难，非今所论兹不并述。

业势力者，谓诸有情，由种种思，与有为事有造作性，是名为业。经尔所时，随所造作种种事业，由造作思令得成就，名业势力。此有二种，一猛利势力，二相续势力。如是势力皆思所有。若诸有情由猛利思及相续思，造作种种善不善业，业成就已，可得现受。若造作善，现受安乐；造作不善，现受忧苦。若非猛利唯相续思，其所造业，当非现受，后时方受。如是所受，虽非现造，而由宿业，令成此别。又或现造于善，有受忧苦；现造不善，转受安乐。当知亦由宿业所致，非由现造。如是差别，有其多种。当顺会通，不可执一。现见世间有如是事，或现所作，今时既受；或先所作，今时方受；或善所作，而有恶受；或恶所作，而有善受。一期生中，既有如是种种差别，前后多生，理备亦尔。复次由业势力相继造作，能于后后自心所现，有诸相生。如所现见世间诸相，若色若声乃至若触，能为眼见及为耳闻乃至身触，有其种种无量差别。业执持故，相续无断。又诸有情，业有同异，世间诸相，所见亦别。人类有情造业同故，所见色等其相亦同。余类有情造业异故，所见色等其相亦异。如人于色，明时方见，暗则不见。有其余类，暗时方见，明则不见。又有余类，明暗俱见。或复有物为人所见，余类不见。或余类见，人所不见。如是种种能见之眼，既不相同，所见之色，当知亦别。此所见色，为有实体，为无实体？若有实体，不应由见而生差别。若无实体，不应于此现有所见。此中道理甚为难知。然在世间种种推求，为有所见，迷有实体。迷实体故，或有迷执为有主宰，能成世间，能生万物。或有迷执自然为因，忽尔而有山河大地出现，由是积渐而生万物差别。如是所执，皆不应理，无劳更破。由是应信一切有情，各各有其业力差别。业力别故，令于所见诸相有异。离所见相，无实有物。如诸幻师，以种种物幻作牛羊象马等类。如是等类，皆非实物，但有彼彼差别相现，不应谓有此相便是实物。又或于彼以种种物，令能运转，似有作用，不应谓有作用便是实物。一切有情所见色等，道理亦尔。但有诸相，似外显现，非实在外有彼诸物。由业力故，有所见相；无实物故，见相有别。如是道理，善释前难。不应唯依人类所见，妄计色等为有为无，为假为实。余类所见，不如是故。

我执势力者，谓诸有情于自色身，计之为我，或复于余妄计为我，是名我执。当知色身，聚集为相，非是一物，若执为我，我应非一，不应道理。或复更计于色身中，别有实物，名之为我。如是实物，为无觉性，为有觉性？若无觉性，而计为我，我应无觉，不应道理。若有觉性，应即是心，若计为我，我应如心而有转变，不应道理。若谓离心别有实物，是一无变，能有觉性，唯此是我，然不可得。诸有情类，无始时来，都不了知实无有我。于非我法妄计为我，故名我执。如是我执有其二种：一、俱生我执，二、分别我执。俱生我执者，谓此我执与身俱生不由听闻分别而起观，最极微细，极难了知。观夫禽兽极愚钝类，皆知爱我，是即此执。是故人类凡所作业，若善不善，皆有此执常恒随逐。如是势力极难除灭。分别我执者，谓由俱生我执为先，能令生起种种分别，由此分别，计实有我，妄计一切有自他别。如今世间，谓我种族，谓我国家，谓我乡党邻里，谓我田宅财谷等事。于我名自，非我名他。若为自身及属自者，爱之亲之，思为利益，及防护之。若为他身及属他者，憎之背之，思为损害，及攫取之。乃至国与国战，族与族抗，党与党争，人与人斗，相率而入危险恐怖不安忧苦境域。当知唯此我执之所驱役。如是我执，其势猛利，其相粗显，为祸最烈，能害自他。诸有智者，应深觉察。

三种势力，既如上述。今审观察，世间万事万物万类差别，有能越此三种势力者乎？名言势力，能覆蔽故，似有相现。我执势力，能扰浊故，令诸万事万物万类，不得自在。世间于此，都不研求。从无始来，迷闷受苦，展转无已，诚可悲也！今略显示如是道理。由此研求，信入佛教，方知佛法真实道理，能令世间一切获得利益安乐。今之所谓名言势力，即佛法中名言习气。今之所谓业势力者，即佛法中有支习气。今之所谓我执势力，即佛法中我执习气。若详究者，应于佛法如理闻思。

附：韩清净居士佛教思想之特质析论

程恭让

一、研究史概述

韩清净居士（一八八四至一九四九），原名克忠，字德清，河北河间人。本世纪二十年代，清净居士先后在北京创立法相研究会、三时学会，复兴及弘扬唐代玄奘法师译传的瑜伽学系法相唯识之学。北京三时学会与欧阳竟无先生（一八七一至一九四三）创立的南京支那内学院，南北呼应，对建法幢，时有“南欧北韩”之声誉。欧阳先生去世以后，其学由吕澂承继，二传告罄。至于清净居士之学则更是“学随人亡”，一传即止。[1]由杨文会居士肇始、南欧学派及北韩学派推动的近世唯识佛教复兴思潮，较之其先辈唐代的慈恩学派，其思想史命运似更不堪；而一传即止的北韩学，更应当算是其中的不堪之尤者。

半个世纪以来，学界对于清净居士及三时学会的佛教事业及

[1] 董绍明：《北京三时学会简介》，《佛教文化》第三期，一九九一年十二月，第八十二页。

其佛教思想，极少有人问津。下面列举的是八十年代以后陆续出现的几篇相关研究资料：

（1）郭朋著《韩清净的佛学思想》，此文是郭氏主编的《中国近代佛学思想史稿》一书的第七章，巴蜀书社，一九八九年出版；

（2）董绍明著《北京三时学会简介》，此文载于《佛教文化》第三期，一九九一年十二月出版；

（3）程恭让著《三时学会清净居士的晚年著述与思想》，此文载《世界宗教研究》，一九九八年第一期；

（4）程恭让整理清净居士著《〈瑜伽师地论·披寻记〉叙》，载《藏外佛教文献》第二辑，宗教文化出版社，一九九六年。

（5）于凌波著《三时学会会长韩清净》，此文是清净居士的传记，载于氏著《中国近现代佛教人物志》一书，宗教文化出版社，一九九五年出版。

杨文会开创的近代中国佛教的思想与事业，有三个主要的继承者：欧阳竟无，太虚法师，韩清净。台湾佛学界比较关注太虚法师的佛教改革理念，故大量的研究都围绕太虚展开，欧阳的思想与活动最近渐渐有人探讨，至于清净居士佛教事业的成就及其佛学思想的意义，则迄今尚未引起彼等的关注。

笔者自九十年代初开始挖掘和查找相关数据，这项工作颇费心力，进展缓慢。笔者在论文《三时学会清净居士的晚年著述与思想》中，已对清净居士晚年的思想做过讨论；拙著《欧阳竟无佛学思想研究》中，还以判教思想为端，对韩氏与欧阳佛教思想的差异，做过一些比较。[1]此外，最近我们整理、出版的周叔迦遗著《清代佛教史料辑稿》一书中，收有一篇附录，此附录中对韩氏及三时学会一些同事的佛教活动，也有评论。[2]

本文的目标，则是要在上述研究的基础上，对清净居士佛教思想的特质之问题，作一个综合和概括的分析。

二、对传统唯识思想资源的态度：抑《唯识》而扬《瑜伽》

清净居士的思想历程，从其青年时期开始，大致经历了儒学、杂学阶段，以《成唯识论》为中心的研究阶段，以《瑜伽师地论》为中心的研究阶段，以及融通性相的晚年阶段。[3]这四个阶段中，以《瑜伽师地论》为研究中心的第三阶段，是其一生佛学研究及佛教思想的重心所在。公元一九二四年冬，清净居士和朱芾煌居士一起到房山云居寺闭关，开始研究百卷《瑜伽》。在日本侵略者占领北京城期间，三时学会的会务工作自动解散，韩氏则在芾煌的协助下，自公元一九三七至一九四三年间，集中五、六年之久的时间和精力，完成解释《瑜伽》文句的《〈瑜伽师地论〉披寻记》，及疏通《瑜伽》文理的《〈瑜伽师地论〉科句》。从闭关专研《瑜伽》，到两部大著的完成，韩氏共用去二十年的时间治学《瑜

---

❶ 程恭让：《欧阳竟无佛学思想研究》，台湾新文丰出版公司二〇〇〇年一月首版，第五七九至五八四页。

❷ 参见苏晋仁、程恭让整理周叔迦《清代佛教史料辑稿》之“附录”，台湾新文丰出版公司，二〇〇〇年八月。

❸ 程恭让：《三时学会清净居士的晚年著述与思想》，《世界宗教研究》一九九八年第一期，第四十六页。

伽》。他在这部大论上可谓倾注了一生的心血！

在《〈瑜伽师地论〉披寻记叙》中，有如下一段话，记录了清净居士研究《瑜伽》的动机："《俱舍》教义不通大乘，《唯识》精旨遮无外境，犹不足以窥大乘全体大用。民国十三年，净因离家居，避静平西房山云居寺，与苇煌居士同时发愿研究《瑜伽师地论》，欲以弘扬真实佛教精义。"[1]此处所谓的《唯识》，兼指世亲的《唯识三十颂》，以及玄奘、窥基师弟所糅译印度十大论师解释《唯识三十颂》的《成唯识论》。清净居士认为，《成唯识论》的宗旨是遮破离心独存的"外境"，显示"境"不离"识"之义，此义尚不足以显示大乘的"全体大用"；至于玄奘译传的《瑜伽师地论》，则能显示"大乘全体大用"。《〈瑜伽师地论〉披寻记叙》是清净居士逝世前夕之作，为其自述一生佛学研究及思想历程的珍贵文字。[2]我们从上面引述的这段话中，能够明确感受到韩氏对《成唯识论》和《瑜伽师地论》佛学价值所作的高下之判，他抑《唯识》而扬《瑜伽》的态度在此表达得十分明显。

《瑜伽》这部大论相传由弥勒作颂，无著作释，是瑜伽学系依持的"六经十一论"中"十一论"之根本论。这部大论包括本地分、决择分、摄异门分、摄释分及摄事分五个部分，其中的本地分又名《十七地论》，正是玄奘西行时所要求取的根本经典。玄奘游学印度十七年后，于贞观十九年回到长安，不久组织了译场，贞观二十二年至二十三年间即译出此论，可见他对《瑜伽》的重

[1] 参考作者整理的《〈瑜伽师地论〉披寻记叙》，载《藏外佛教文献》第二辑，宗教文化出版社，一九九六年，第四六二页。

[2] 韩清净：《〈瑜伽师地论〉披寻记叙》，第四六一页。

视。由于此后玄奘法师译经任务的浩繁，加之《瑜伽》本身篇幅达一百卷，思想体系博大而深密，理论逻辑亦复杂繁琐，故即使是材质十分优异的学生，也会觉得受持不易。百卷《瑜伽》在译出之后虽有一定的讲习，但似乎并未成为奘门组织佛理的中心经典。

玄奘晚年在翻译世亲的《唯识三十颂》，以及解释该颂的印度十大论师的注疏时，接受窥基建议，"汇聚十释群分，今总详译，糅为一部，商榷华梵，征诠轻重，陶甄诸义之差，有叶一师之制。"[1]这实际上是通过糅译《成唯识论》，来建立奘门的唯识思想体系。此点正如田光烈先生所说："《成唯识论》一书，与其说是翻译，毋宁说是创作，与其说是印度之学，毋宁说是玄奘之学。"[2]不仅窥基写了《〈成唯识论〉述记》及《〈成唯识论〉枢要》等著作，对《成唯识论》一书加以精细的解释；窥基的弟子及再传弟子亦一再作疏，注释《唯识》。我们可以这样说：如果说在玄奘访学印度前的几个世纪，印度那烂陀寺第三时佛学或中期大乘的讲习中心，是在《瑜伽师地论》；那么玄奘之后，以窥基为主角的慈恩学派，则是以《成唯识论》作为研究或传法的中心。

我们把韩氏对《唯识》和《瑜伽》佛学价值所作的高下简别，同唐代慈恩宗依《成唯识论》组织一宗之义的做法，稍加对照，即可看出，韩氏对传统唯识思想资源的取舍，与唐代奘门的唯识学者实有明显的差异。对传统唯识思想资源的取舍，乃是现代唯识

---

❶ 窥基：《〈成唯识论〉述记》，《大正藏》第四十三卷，第二二九页。

❷ 田光烈：《玄奘哲学研究》，学林出版社，公元一九八六年，第七十六页。

学者佛理架构的前提，故我们即可把此种“扬《瑜伽》而抑《唯识》”的态度，视作韩氏佛教思想的重要特质之一。

清净居士的这种独异态度，在其《瑜伽》研究的早期，即表现得十分明显。在此可举《十义量》为例。《十义量》（一九二五年）是韩氏研习《瑜伽》初步成就的记录。此论以十义为量（标准），“刊定”佛说三乘相应法教。此十义是：一、世间有情义，二、佛教义，三、真如义，四、种姓义，五、善巧义，六、因缘业果义，七、唯识义，八、净土义，九、成佛义，十、立宗义。韩氏总述此十义云：“为诸愚夫于所现见世间有情，种种计度，不能决了，令心颠倒而起贪著，故最初说世间有情；然佛大悲，不少以此而生厌倦，为度所化出世说法，或以三乘，或以人天，终令获得利益安乐，由是次初说佛教义；佛所说教，真如为本，然诸有情不信佛教，于真如法谤为无有，或有一类不具净信入佛教者，执一切空即是真如，由是不能正解真如，故次佛教说真如义；真如道理微细甚深，有种姓者当能证得，若无种姓终不能证，不应说为心性本净，一切众生皆得成佛，故次真如说种姓义；然有种姓但无漏因，若无善巧圣教为缘，毕竟不能生起现行，又不应说泛尔诸法皆为善巧，非不相应而能令其出不善处、置善处故，故次种姓说善巧义；如是善巧有其多种，为欲了知诸善巧故，应于佛说十因四缘三业五果种种微细甚深道理，精勤简择，故次善巧说因缘业果义；为欲圆满究竟解了因缘业果，应于中道了义唯识言教，多闻熏习，如理抉择，以一切法不离识故，故次因缘业果说唯识义；唯识性相既能抉择，乃知一切身土微细广大难可知义，如是亦知佛说净土方便密意，故次唯识，说净土义；如是净土，皆佛最极自在净识为相，应知诸佛无量无边力、无畏等大功德法庄严其身，以为依止，非少修行可能圆证，故次净土，说成佛义；此即终已，为欲悟他，应知比量证成道理，故于最后说立宗义。”[1]

以上十义中的第七唯识义，是《成唯识论》的宗义。窥基认为《成唯识论》“以唯识为宗，识有非空、境无非有以为宗也，虽具明诸法，皆不离识也。”[2]也正是以无境有识的唯识义，作为《唯识》一论的“论宗”。韩氏这里以“十义量”概括佛家思想的大意，此一概括即已经突破了《成唯识论》的思想体系。

一九四三年完成《披寻记》及《科判》之后，清净居士立即发愿“造百论师，弘扬《瑜伽》”[3]，由于时代文化及政治环境的风云变化，韩氏这一志业“终成泡影”，但由此却也可反证，其一生探求的唯识学思想架构，确实是要以《瑜伽师地论》为中心而展开的。

三、判教思想：依据《深密》的三时判教模式

判教是佛教思想的一个传统。所谓判教，即是把历史上涌现的各种不同的佛教思想体系，组织成一个具有一定理论发展逻辑的教法思想整体，并依此教法思想整体对每一部分的佛教理论、学说，作出学理价值方面的层次判定。印度佛教思想史上已有判教的做法，中国佛教由于要对来自印度或源自本土的大量庞杂的佛教典籍，予以理性的组织及批评，所以特别着重判教的理论与

---

❶ 韩清净：《十义量》，《海潮音文库》第三编第二十一册《论文集》下，第一七四页。

❷ 窥基：《〈成唯识论〉述记》，《大正藏》第四十三卷，第二三〇页。

❸ 韩清净：《〈瑜伽师地论〉披寻记叙》，第四六二页。

实践。清净居士佛教思想的一个显著特点，是他在判教思想方面，坚持印度佛教思想史上的三时判教观念。

此一三时判教观念是瑜伽学系重要经典《解深密经》的核心思想之一。《深密》提出："世尊初于一时，在婆罗痆斯仙人堕处施鹿林中，以四谛相转正法轮，虽是甚奇、甚为希有，一切世间诸天、人等先无有能如法转者，而于彼时所转法轮，有上、有容，是未了义，是诸诤论安足处所。世尊在昔第二时中，唯为发趣修大乘者，依一切法皆无自性、无生无灭、本来寂静、自性涅槃，以隐密相转正法轮，虽更甚奇、甚为希有，而于彼时所转法轮亦是有上、有所容受，犹未了义，是诸诤论安足处所。世尊于今第三时中，普为发趣一切乘者，依一切法皆无自性、无生无灭、本来寂静、自性涅槃、无自性性，以显了相转正法轮，第一甚奇、最为希有，于今世尊所转法轮，无上无容，是真了义，非诸诤论安足处所。"[1]《深密》此一判教观念包含以下几个要点：其一，一时教四谛教法、二时教般若教法及三时教唯识教法，都是"正法轮"，因而，三时佛教都有别于"外道"——其他的世间宗教和哲学；其二，一时教、二时教的适用对象有随机性及针对性，三时教面对一切众生，是普适性教法；其三，由于随机性及针对性，一时教、二时教的学理施设，采取隐喻的表达方式，含蓄而不明了，其所建立的学理因而就不是"了义"（究竟之义）；与此相反，三时教的学理施设采取显了方式，其学理建立为究极、了义之谈。总之，依《深密》之三时判教，前二时佛教是不了义佛教，第三时佛教则是了义佛教。

---

❶ 《解深密经 · 无自性相品》。

《深密》这一三时判教观念，同印度佛教教法的历史变迁过程大体符契，同佛教教理演进的理论逻辑也十分合拍。[1]三时判教力求把思想史的原则和学术史的原则结合起来，表现了印度佛教判教思维“历史与逻辑相一致”的思想特色。这一点同中国佛教从一定观念出发的“观念先行”的判教模式，有着本质的区别。[2]

二十年代初，清净居士由儒学、杂学转入佛教，并很快确立对于第三时教法的信仰。一九二四至一九二五年间，韩氏完成两部诠解三时佛教思想的著作，一是解释世亲《唯识三十颂》的《〈唯识三十颂〉诠句》，一是向东亚佛教会议提交的唯识学专题论文《十义量》。以上两部著作都反映了清净居士此期的判教观念。

《〈唯识三十颂〉诠句》开篇提出四个问题：什么叫识，什么叫唯识，什么叫唯识教，根据什么道理成立唯识义。在解释“云何唯识教”时，清净居士说：“开示显了唯识道理名唯识教。大悲世尊初成佛已说四谛教，次说般若，后于《深密》等会说一切法唯有识等，是为三时说教次第。如来在世随机应说，机有三品不同，教遂三时亦异，前二时教多密意说，唯后一时演了义教。此了义故，于不了义实为明镜。”[3]接着解释“云何道理立唯识义”时，韩氏复说：“云何道理立唯识义？为显非有非空中道义故。诸有情类无始执我，沦没受苦，无救无依，故佛世尊为除我执，说无有我，但有法因。复由无始妄执实法，隐覆真理，障圣

---

❶ 参考吕澂著《印度佛学源流略讲》第一讲“原始佛学”，第三讲“初期大乘佛学”，第五讲“中期大乘佛学”，《吕澂佛学论著选集》卷五，齐鲁书社，一九九一年。

❷ 参考拙著《欧阳竟无佛学思想研究》，第五三四至五四三页。

❸ 韩清净：《〈唯识三十颂〉诠句》，北京文楷斋一九二五年十月刊印本。

智心。世尊为除彼法实执，密意总说一切法空。又闻说空，不知密意，乃谓诸法性、相都无，故我世尊显了解释诸法性相，有空、不空。”[1]以上两处引文认定一时、二时教“多密意说”，诠解“非有非空义”的第三时教是“了义教”，了义的三时教相对于不了义的一时、二时教，犹如“明镜”一般，这意思是说参照三时教法的思想体系，能够明了显现前二时教法的隐密意蕴。

《十义量》的第二量是“佛教义”，清净居士在此也阐述了他对佛教教法的基本观念。其中写到：“有诸有情，依诸如来隐密言教，取少分义虚妄计度，执为最胜能得清净。当知如是隐密言教，于出要道义不明了，菩萨不应作所依止。如《瑜伽论》四十五云：‘云何菩萨修正四依，乃至广说又诸菩萨于如来所，深殖正信，深殖清净，一向澄清。唯依如来了义经典，非不了义。了义经典为所依故，于佛所说法毗奈耶，不可引夺。何以故？以佛所说不了义经，依种种门辩本性义，犹未决定，尚生疑惑，非了义故。若诸菩萨于了义经不决定者，于佛所说法毗奈耶，犹可引夺。’又《解深密》胜义生菩萨白佛言：‘世尊在昔第二时中，唯为发趣修大乘者，以隐密相转正法轮，虽更甚奇，犹未了义，是诸诤论安足处所。世尊于今第三时中，普为发趣一切乘者，以显了相转正法轮，第一甚奇，最为希有，无上无容，是真了义，非诸诤论安足处所。’由是教、理，诸有智者，不应依止隐密言教，执为最胜，生自疑惑。”[2]韩氏此处是把《瑜伽》“依了义不依不了义”的“理”，与《深

---

[1] 韩清净：《〈唯识三十颂〉诠句》。

[2] 韩清净：《十义量》，《海潮音文库》三编第二十一册《论文集》下，第一九〇至一九一页。

密》教分三时的“教”，两相印证，从“教”和“理”的两个角度，证明三时判教观念的合理性。

从《〈唯识三十颂〉诠句》及《十义量》上引的一些材料看，可以毫无疑问的确定，清净居士在二十年代完全接受了《深密》辨别了义与不了义的判教模式。公元一九二七年，韩氏将其创立的北方唯识学道场法相研究会，易名为“三时学会”[1]，就是他此一判教观念的鲜明表白。

唐代华严宗三祖法藏曾总结古今十种判教方法，加上他自己的判教，中土流行的判教方式共有十一种之多。这十一种判教中最成系统的是两类，其一是玄奘的三轮说，玄奘将全部教法判为转法轮、照法轮及持法轮，说四谛法名转法轮，密意说诸法空名照法轮，显了意说三性及真如不空，名持法轮。此种判教，遵循教法历史与教理逻辑相一致的原则，和《深密》三时教判观念完全一致。其二是慧观、智顗、法藏等代表的五时判教，认为佛第一时说华严教，最后时说法华、涅槃等教，在一时教、五时教之间，则是阿含教、般若教、唯识教等。[2]五时判教模式旨在凸显华严、法华、涅槃的佛理地位，此种判教不能说明教法发展的历史情境，也不能说明教理演进的内在理路。韩氏的判教思想是对中国佛教五时判教传统的突破，也是对《深密》及玄奘判教理念的回归。

如果将清净居士的判教思想，和欧阳竟无先生的教法思想进行比较，韩氏判教思想的特色就更加明显。同样推重玄奘译传的

[1] 韩清净：《三时学会清净学长纪念朱芾煌居士文》，《佛学月刊》第二卷第四期，一九四二年九月一日，第十三页。

[2] 参考法藏《华严一乘教义分齐章》之三“叙今古立教”。

法相唯识学，对于清净居士来说，第三时佛说乃是“无上无容”的了义佛教，其在佛教思想整体中的地位乃属毫无疑问；而从欧阳判教思想的发展过程及其佛教思想的整体来考虑，则所谓第三时教法的地位问题，在南欧学的体系中则有些悬而未决。欧阳在中年未定学说中，亦遵循《深密》的三时判教模式，但他的晚年论定学说则在相当程度上修正了此一模式。如在《释教篇》（一九四一年）中，欧阳曾提出佛学四科之说，这四科即俱舍文字科，瑜伽文字科，唯智文字科，及涅槃文字科。佛学四科的次序是：初俱舍科，次瑜伽科，三唯智科，四涅槃科。[1]四科说不仅比三时说多出“涅槃文字科”，而且也颠倒了二时教、三时教的次序。不过与此同时，欧阳却又始终坚持以三时教“五法三自性、八识二无我”的理论，作为赅摄一切教法的思想纲领。此种既遵循三时判教、又不拘于三时判教的理解方式，显示了南欧学判教思想中有受中土主流佛教思想传统影响的一面。与此相对照，清净居士对于三时判教模式的坚决持守，则反映了其判教思想有彻底突破主流佛教思想传统的特色。

四、三时教法的融通问题：依了义诠解不了义

以第三时了义佛教作为佛理考虑的标准，揭明前二期不了义佛教的“密意”，从而说明三期佛教教法思想存有内在本质上的一致，这即称作“以了义释不了义”。以了义诠释不了义，也是瑜伽学系发明的一种重要的思想原则，此种思想原则涉及三时佛教经

---

[1] 欧阳渐：《内学院院训·释教篇》，金陵刻经处本，第八十五页，第五三至五四页。

典或思想的内在融通问题。清净居士也继承了这一思想原则。

“密意”也是《解深密经》的重要思想之一，“密意”意即“隐密的思想意蕴”。《深密》认为，般若经典提出的“诸法无自性”这一教法，蕴涵着甚深、潜在和隐密的意蕴，《深密》次《一切法相品》后演绎《无自性相品》，主旨即是根据遍计性、依他性、圆成性等三自性相法相学标准，揭示“诸法无自性”教法所蕴含的“密意”。《深密》这种根据瑜伽学系三时教法的标准，来读解般若二时教法密意的这一思想原则，为《摄大乘论》《瑜伽师地论》《佛性论》《成唯识论》等所继承。如《摄论》曾依据三自性解释“一切诸佛密意语言”：“世尊有处说一切法常，有处说一切法无常，有处说一切法非常、非无常，依何密意作如是说？谓依他起自性，由圆成实性分是常，由遍计所执性分是无常，由彼二分非常、非无常，依此密意作如是说。如常、无常、无二，如是苦、乐、无二，净、不净、无二，空、不空、无二，我、无我、无二，寂静、不寂静、无二，有自性、无自性、无二，生、不生、无二，灭、不灭、无二，本来寂静、非本来寂静、无二，自性涅槃、非自性涅槃、无二，生死、涅槃、无二，亦尔。”[1]《瑜伽》论中亦称：“由此三种自性，一切不了义经诸隐密义，皆应决了。谓诸如来秘密语言及诸菩萨随无量教秘密语言所有要义，皆由如是三种自性，应随决了。”[2]《深密》《瑜伽》所说的“三自性相”，乃是三时佛教瑜伽学系法相思想的总纲，依据这一三自性相诠解一切诸佛及菩萨的“秘密语言”，即是以了义诠释不了义。

---

[1] 《摄大乘论本》，金陵刻经处本，第一〇页。

[2] 《瑜伽师地论》卷七十四，《中华大藏经》第二十八卷，第一一八页。

一九三九年夏，清净居士在广济寺弘慈佛学院开讲缘起三经，缘起三经即《缘起经》《缘起圣道经》及《分别缘起初胜法门经》。其中，《缘起经》讲述十二支缘起的自性义、差别义，《缘起圣道经》讲述十二支缘起的流转与还灭次第，《分别缘起初胜法门经》则重点讨论缘起十二支中的初支——无明支。缘起三经大体保持了原始佛说的本貌，是一时教法阐述缘起理念的重要经典。清净居士诠解缘起三经的着眼点在于：作为一种不了义教法，一时教十二支缘起理念的密意何在？以三时教八识缘起或种、现缘起的理论来考虑，一时教法与三时教法的理论是否一致？

韩氏在处理这一问题时，首先把佛教思想中的缘起学说概括为三个类型：缘起，缘生，十二有支。他解释说："缘起名有三种别，一名缘起，二名缘生，三名十二有支。缘起，谓一一支各各别法，依自种子生起现行，说名缘起；缘生，谓前前支生后后支，依他现行生他现行，说名缘生；十二有支，有情自体总名为有，自体一分别名为支，总十二支说一自体，析一自体为十二支，是故说名十二有支。"❶"缘起"，指生命体由内在经验（种子）生起外在行为（现行）的发生关系；"缘生"，指生命体各种外在行为之间相互引生的关系；"十二有支"，则解析有情自体生命活动的诸支环节。其中，缘起、缘生代表三时教法的缘起理念，十二有支则代表一时教法的缘起理念。

《缘起经》以"此有故彼有，此生故彼生"概括十二有支的缘起法则。关此，韩氏解释说："此有故彼有，此谓一一支中自种子

---

❶ 韩清净：《〈缘起经〉名义略集》，闽南佛学院，一九八九年，据董绍明先生手抄影印本。

法，彼谓种子所生自现行法，由此种子有故，彼现行法有，非无种子有现行故。功能有故，名种子有；相可得故，名现行有。《瑜伽论》云‘因名缘起’，即属此义。”“此生故彼生，此谓前前支余现行法，彼谓后后支余现行法，由此前前支余法生故，彼后后支余法得生。次第相依，各从种起，故俱名生。《瑜伽论》云‘果名缘生’，即属此义。”[1]此有故彼有，指生命体中的内在种子生起现实的生命活动；此生故彼生，指在前的现实生命活动引生在后的现实生命活动。按照此一解释，一时教法的缘起法则，同样是“种子生起现行”及“现行引生现行”，与三时教的缘起法则完全相通。

韩氏还对无明缘行、行缘识等十二支缘生环节，一一给予诠解，结论是：“缘起、缘生总显无我，十二有支别显无我。总显无我中，缘起显无我理，缘生显无我相。十二有支别别兼显无我理、相。今此经中但名缘起，不名缘生及十二有支者，因名缘起，果名缘生，因能赅果，故以立名；果不遍因，是故不立。又缘起义总，有支相别，总能摄别，故以立名；别不显总，是故不立。”[2]撇开总别、因果这些繁复的分析方法不论，清净居士这里依“种、现缘起”诠解“十二有支缘起”，其基本的观点是：一时教法与三时教法两种缘起学说的实质是本然一致的。

一九四六年冬，韩氏在三时学会开讲玄奘所译的《心经》及《能断金刚般若波罗蜜多经》，并口授门人成以下四部著作：《〈心经〉颂释》《〈心经〉蠡测》《〈能断金刚般若波罗蜜多经〉了义疏》《〈能断金刚般若波罗蜜多经〉了义疏浅解》。以上四疏是韩

[1] 韩清净：《〈缘起经〉名义略集》。

[2] 韩清净：《〈缘起经〉名义略集》。

氏晚年阐发其佛教思想的主要著作。❶

韩氏晚年四疏所诠解的，是般若系统最为流行的两部经典。他这一诠释的基本思想原则，仍然是以了义经释不了义经的原则。晚年四疏中，韩氏个人最重视也最满意的，是《〈能断金刚般若波罗蜜多经〉了义疏》。关于此疏的得名理由，他说："今此经说般若波罗蜜多，系属第二时教，是未了义，不应如言执著自性，应依了义言教善取其相。《解深密经》二卷十五页中说：'世尊！譬如毗湿缚药，一切散药、仙药方中皆应安处。如是世尊！依此诸法皆无自性、无生无灭、本来寂静、自性涅槃、无自性性了义言教，遍于一切不了义经皆应安处。乃至广说一切譬如，皆应了知。'由是道理，故依第三时教真了义说，解释此经所未了义，故名《了义疏》。"❷依据三时教法的了义标准，诠解不了义的二时教法般若系统之密意，因而《能断金刚》的注疏，特意被命名为《了义疏》。

在《〈心经〉颂释》中，韩氏把《心经》的中心思想概括为"蕴空理"。清净居士认为，此一"蕴空理"的产生源自一定的教法历史机缘，必须对此种教法机缘有如实的理解，才能领会"蕴空"说的本意，而不致陷入对此说的执著。如他说："今此《心经》义，正说五蕴空，欲了此空理，当知空所从。空是蕴本性，非观空故空，若不识幻有，空执即应成。此幻有妙理，是唯识所明，小乘不解此，执有蕴种种，由执故成染，一切苦厄生。"❸韩氏在颂释中接着说明，佛

❶ 关此，可参看拙论《三时学会清净居士的晚年著述与思想》，《世界宗教研究》，一九九八年第一期。

❷ 韩清净《〈能断金刚般若波罗蜜多经〉了义疏》，董绍明先生抄本。

❸ 韩清净：《〈般若波罗蜜多心经〉颂释》，上海佛协，一九九〇年，据董绍明先生抄稿影印本。

为破小乘之有执，因而施设“五蕴皆空”的二时教法，此一施设的旨趣乃针对小乘有执而来，因而其施设方式是“但破即名成”的。至于三时教法则鉴于一时说有、二时说空的利弊，善巧施设非有非空的中道了义之教，“非有”是破，“非空”是成，因而三时教是“有破亦有成”的。在对“蕴空理”教法的历史机缘进行以上辨析后，韩氏得出结论：“法性与法相，二应须会通，小乘与大乘，乃截然不同。今解蕴空义，当依大乘经，法相是了义，有破亦有成，一切不了义，依此了义明。”[1]即是说，应当依三时教非有非空这一中道了义道理，诠解二时教“蕴空理”的密意。

自玄奘著《会宗论》会通瑜伽、般若两种思想体系后，融通性相成为中国唯识思想史上的一个传统。韩氏不仅诠解三时教与二时教的一致，而且试图会通三时教与一时教，其融通的规模比《会宗论》更其弘阔。韩氏既通过了义诠解的方式融通整体佛教，以把握历史上各种佛教思想体系内在精神的一贯性，又坚持要对诸期佛说作层次观、历史观，以求真求实的态度来处理佛教思想发展史的问题。此为清净居士佛教融通思想的特色所在。

五、以文本、佛意为取向的佛教学术思想

韩清净居士中年来京求学访道，因阅读《俱舍论》悟入无漏法，通过研究《成唯识论》确立对于唯识佛教的信仰。同属近代唯识复兴思潮的代表人物，杨文会、欧阳竟无等人曾受到《大乘起信论》为代表的中国主流佛学思想传统的深刻影响，韩氏的修

---

[1] 韩清净：《〈般若波罗蜜多心经〉颂释》。

学经历中，则迄今未发现《起信》系统影响的记录。此种较为纯粹的悟道经历，有助于韩氏形成独具一格的佛教学术理念。

韩氏在晚年的《〈瑜伽师地论〉披寻记叙》中，总结了自己一生所持的佛学研究方法。他说："净自闻法以还，初读《俱舍》，继研《唯识》，《俱舍》以《光记》《宝疏》为归，《唯识》以慈恩《述记》为准。一名一句务得其诠，一义一量务尽其旨，习规矩于步趋，衡是非于智解。"[1]一名一句务得其诠，指务必求得经典文本中概念及文句的准确解释，此即所谓"知法"；一义一量务尽其旨，指务必把握经典文本中各种思想、学说或观念的正确含意，此即所谓"知义"。规矩，指"知法知义"这一法相家法，严守法相家法来诠释经论，以文本本身的法、义制导对经典的解释、理解活动，此谓之"习规矩于步趋"；智解，即是"胜解"，指通过对经典文本中有关法、义的如实研究，引发关于佛教思想的整体性理性把握，依此整体性把握可以考虑、判别各种理论的是非得失，此谓之"衡是非于智解"。上述研究方法的要点，在客观方面是以文本为中心，以法义为中心，在主观方面则是以研究者的理性判断作为中心。这是一种以客观性的"佛意"作为解释、理解取向或标准的佛教研究进路。

这种以文本佛意作为取向的佛教思想研究进路，与偏重于研究者个人"自意"或"己意"的佛学研究进路相比，有着很大的差异。韩氏把那种依"自意"或"己意"随意进退佛说的研究方

---

[1] 韩清净：《〈瑜伽师地论〉披寻记叙》，《藏外佛教文献》第二辑，宗教文化出版社，一九九六年，第四六一页。

式，一再地批评为“随自意解”。[1]依此，韩氏甚至对整个中国佛教的佛学研究传统，都采取批判的姿态。如他说：“吾国佛法，号称十宗。入主出奴，各执己是。究其实际，随时随地各有变迁，而吾国人之所信受者，终不越乎吾国固有儒、道沿袭之见。纵或援引佛典名字，不无非义为义、标榜附会之嫌；纵或传译佛教经论，不无非法为法、矜奇好异之弊。”[2]中国佛教的研究传统有“自意”化的严重倾向，故而往往是“非法为法”“非义为义”；而由于这种“自意”取向的研究进路，中国佛教的思想创造活动，也就往往很难相应于佛教思想的本真。所以，韩氏认为中国人对佛教思想的理解，始终未能突破“吾国固有”的“儒、道沿袭之见”！

清净居士的治学《瑜伽论》，便是他文本、佛意取向的佛教学术思想的实践和体现。韩氏认为：“古疏中《略纂》《伦记》等，皆不足以为研究之资，非唯义不能详，甚且文莫能解，门犹不入，室何能窥！念知平昔所闻于各宗者，因多以讹传讹，而有捍格不通之弊；即《成唯识论》十大论师所引大论，亦自各引异文附成己意，讵免顾此失彼之嫌。”[3]《瑜伽论》的两部唐人注疏《略纂》《伦记》不解法义，各宗义解多有“以讹传讹”之弊，《成唯识论》十大论师对《瑜伽》的解释，也往往是各引异文附成己意，等等，历史上《瑜伽论》的各种解释，都没有严格遵循法相家法，其根本错误在于诠释者以“己意”解，随“自意”解，而不能客观地面

[1] 如《〈瑜伽师地论〉披寻记叙》，第四六四页；《三时学会清净学长纪念朱芾煌居士文》，《佛学月刊》第二卷第四期，公元一九四二年九月一日出版，第十三页。

[2] 韩清净：《〈瑜伽师地论〉披寻记叙》，第四六二页。

[3] 韩清净：《〈瑜伽师地论〉披寻记叙》，第四六二页。

对《瑜伽》本身，让《瑜伽》本身的法义来制导、规范解释及理解的活动。

在《科判》及《披寻记》中，韩氏严格遵守客观性“佛意”取向的解释进路，他规定自己的工作原则：“文义务求润洽，前后务求贯通，不惑虚言，但征实际。”[1]韩氏疏每释一法义，不仅联系《瑜伽》的前后文相互参证，而且尽量旁证第三时佛教的其他一切经论，语语征实，言必有据，祛一切虚言玄谈，以达到“知法知义”作为旨归。

韩氏这种注重文本法义，摒弃“随自意解”的佛教学术思想，与乾、嘉时期汉学家反对宋儒以“胸臆”诠解古代经典，追求实事求是的学术路向，如出一辙。如乾、嘉汉学的著名代表戴震曾说：“治经先考字义，次通文理，志在闻道，必空所依傍。汉儒故训有师承，亦有时傅会；晋人傅会，凿空益多；宋则凭胸臆为断，故其袭取者在其多谬，而不谬者在其所弃。宋以来儒者，以己之见，硬作为古贤圣立言之意，而语言文字实未之知。其于天下之事也，以己所谓理强断行之，而事情原委隐曲实未能得。是以大道失而行事乖。”[2]又谓：“凡仆所以寻求于遗经，惧圣人之绪言暗汶于后世也。然寻求而获，有十分之见，有未至十分之见，所谓十分之见，必征之古而靡不条贯，合诸道而不留余议，巨细毕究，本末兼察。若夫依于传闻以拟其是，择于众说以裁其优，出于空言以定其论，据于孤证以信其通，虽溯流可以知源，不目睹渊泉所导；循根可以达杪，不手披枝肆所歧，皆未至十分之见也。以此治经，失不知

---

[1] 韩清净：《〈瑜伽师地论〉披寻记叙》，第四六二页。

[2] 戴震：《东原集·与某书》。

为不知之意，而徒增一惑，以滋识者之辨也。”[1]戴震此处概述的治经方法、原则之精义，包括由“字义”而“文理”，由“文理”而“闻道”的理解程序，排斥“胸臆”的解释原则，以及对“孤证”的谨慎存疑态度等等，与韩氏佛教学术思想中的法义中心、文本中心、理性中心等，根本精神完全一致。

于此，我们既能更深入地认识韩氏佛教学术思想的特色，也可略窥乾、嘉汉学传统对于近代唯识佛教思想方法的影响。

六、结论

根据以上诸节的分析，关于清净居士佛教思想的特质问题，可从四个方面予以概括：（一）在对待传统唯识佛教思想资源的态度方面，韩氏主张突破唐代慈恩宗依持的《成唯识论》，转而以《瑜伽师地论》作为佛学研究和佛理架构的依据；（二）在判教思想方面，韩氏一反中国主流佛教的判教传统，主张完全依据《解深密经》中提出的三时判教模式，来整理和组织历史上的一切佛教教法；（三）在不同教法思想体系的融通问题上，韩氏主张坚决遵循三时教法以了义诠解不了义的融通模式；（四）在佛教学术思想方面，韩氏主张以文本、佛意作为解释及理解的标准和取向，坚决反对主观化或自意化的佛学研究进路。

有关韩氏佛教思想特质的探讨，当然不应局限于以上列举的几个方面。还有诸如处理与儒道思想的关系问题，佛教改革的问题，佛教思想与西方哲学、宗教的关系问题，等等，也都应当作为

[1] 戴震：《东原集 · 与姚姬传书》。

讨论的题目。但是限于目前所已开发出来的研究资料，进一步的工作只能俟诸异日。

韩清净（1884—1949）：1927年，在北平与朱芾煌、徐森玉等创办“三时学会”，被推为会长；乃民国时期唯识学研究之巨擘，与南京“支那内学院”的欧阳竟无大师被并称为“南欧北韩”。晚年致力于《瑜伽师地论》的校订，撰成《瑜伽师地论科句》40万言；又融会本论前后文义，综考所有关于此论之疏释，撰成《瑜伽师地论披寻记》70万言。

韩清净居士的著作，正式公开出版的主要有《韩清净全集》（共12册，国家图书馆出版社，2015年）。另，由北京华藏图书馆重新整理、印制的《瑜伽师地论科句披寻记》，在业内颇为流通。为了方便读者更容易接触清净居士的著作及了解其唯识思想之概要，特出版此文集，兹对选编情况作简要说明：

一、《唯识指掌》：1928年在燕京大学担任唯识讲座之讲义稿，当时因学期短促尚未全部完成。

二、《唯识三十颂诠句》：作于1924—1925年间，“依颂训诠名句自性差别”，极为精要。

三、《十义量》：1925年赴日本参加东亚佛教大会所提交之论文，博得与会学者的赞许。

四、其他相关的小论文：1.《唯识者何》，与《唯识指掌》第一编第三节“唯识教之训释”内容基本一致；2.《〈瑜伽师地论披寻记〉叙》和为道友朱芾煌巨著《法相辞典》所作的“弁言”，可以说是对“三时学会”的唯识研究理路之总论；3.《世间三大势力》，乃参加东亚佛教大会期间所作的一个演讲。

本书最后收入程恭让教授《韩清净居士佛教思想之特质析论》一文。

我思
敢于运用你的理智
崇文书局·我思图书

唯识学丛书

徐梵澄系列著作

尼采自传（德译汉）
薄伽梵歌（梵译汉）
玄理参同（英译汉并疏释）
陆王学述（简体本）
老子臆解（繁体横排本）
薄伽梵歌（印度版影印）
孙波：徐梵澄传（修订版）

经典维新丛书

熊十力：新唯识论（批评本）
马一浮：泰和宜山会语 法数钩玄
汤用彤：汤用彤讲西方哲学
胡 适：说儒
国学到底是什么
阳明心学得失论

禅解儒道丛书

憨山大师：老子道德经解
憨山大师：庄子内篇注
蕅益大师：四书蕅益解
蕅益大师：周易禅解
马 一 浮：老子注
章 太 炎：齐物论释
杨 仁 山：经典发隐
欧阳竟无：孔学杂著

太古丛书

谭嗣同：揭乡愿与大盗——仁学
梁启超：国民自新之路——新民说
章太炎：学问与革命——章太炎文选
鲁 迅：解剖我自己——坟 热风